厦门大学
繁荣计划特别资助项目
本书为漳州云平高速公路沿线文物考古发掘项目成果

福建云霄水头窑址
出土宋代瓷器精粹

张闻捷 著

厦门大学出版社 国家一级出版社
XIAMEN UNIVERSITY PRESS 全国百佳图书出版单位

图书在版编目(CIP)数据

福建云霄水头窑址出土宋代瓷器精粹/张闻捷著.—厦门:厦门大学出版社,2019.12
ISBN 978-7-5615-7664-9

Ⅰ.①福⋯ Ⅱ.①张⋯ Ⅲ.①瓷器(考古)—出土文物—发掘报告—云霄县—宋代 Ⅳ.①K876.35

中国版本图书馆 CIP 数据核字(2019)第 277139 号

出 版 人	郑文礼
责任编辑	韩轲轲

出版发行	厦门大学出版社
社　　址	厦门市软件园二期望海路 39 号
邮政编码	361008
总　　机	0592-2181111　0592-2181406(传真)
营销中心	0592-2184458　0592-2181365
网　　址	http://www.xmupress.com
邮　　箱	xmup@xmupress.com
印　　刷	厦门市明亮彩印有限公司

开本	889 mm×1 194 mm　1/16
印张	12.25
字数	284 千字
版次	2019 年 12 月第 1 版
印次	2019 年 12 月第 1 次印刷
定价	168.00 元

厦门大学出版社
微信二维码

厦门大学出版社
微博二维码

序

　　云霄县水头窑是闽南地区一处比较重要的窑址，早在1985年就被公布为县级文物保护单位，但见诸文献材料不多。虽然陆续有省、市、县等文物工作者对窑址进行过调查，并在一些研究文章中有所涉及，但是由于未开展过正式的考古发掘，学界对水头窑的产品及窑业技术了解有限。2017年配合云平高速公路建设，厦门大学历史系考古专业和漳州市文物保护中心、云霄县博物馆联合组队，对水头窑开展抢救性考古发掘工作，这次发掘面积1000余平方米，出土大量层位关系清楚的瓷器与窑具标本，揭露二座龙窑遗迹。

　　《福建云霄水头窑址出土宋代瓷器精粹》是张闻捷老师率队对水头窑资料初步整理的成果展示。全书共分两部分，上篇对水头窑址考古发掘的地层、出土标本及窑炉遗迹进行详细的介绍，对其年代、技术特征进行分析，并与省内外窑址尤其是江西景德镇窑、浙江龙泉窑的文化因素进行比较研究；下篇对水头窑址全景、废品堆积、窑炉遗迹以及出土标本进行图文并茂展示，为古陶瓷研究者和爱好者提供了科学翔实的第一手材料。

　　承蒙张闻捷老师邀请，我在水头窑考古发掘期间，曾三次到发掘现场考察，对水头窑产品的丰富与精美留下了深刻的印象。它与闽南地区德化窑为代表的仿景德镇窑青白瓷以及同安汀溪窑为代表的仿龙泉窑青瓷既有联系，又有区别，这些窑址与水头窑的文化传播与影响途径值得进一步研究。

　　近几年来，张闻捷老师除了繁忙的教学和科研任务，在省文物局支持下，还承担了部分抢救性考古调查和发掘任务。可贵的是，张老师很好地将这些考古调查、发掘工作与教学有机结合起来，在田野考古实践中培养和加强学生的考古技能以及研究能力。张老师也是一个勤奋有为的学者，在田野考古发掘结束后，能在较短时间内完成资料的初步整理，出版成果供大家研究，这在考古资料整理出版周期普遍较长的今天尤为难得。在成果出版之际，嘱余写序，自知才疏学浅，难堪此任，赘聊数语，权以为序。

羊泽林

2020年3月31日

于福建博物院文物考古研究所

目　录

上篇 云霄水头窑址出土瓷器的初步研究

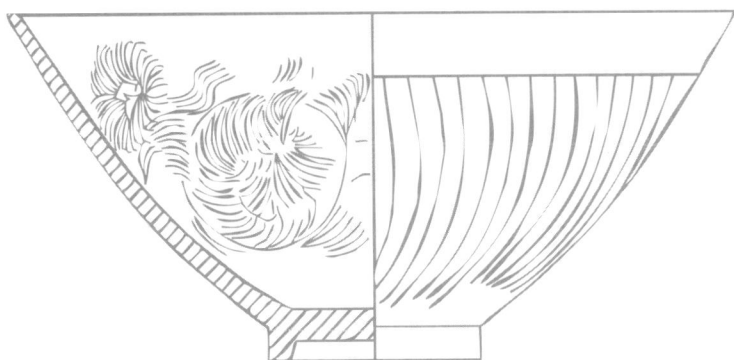

第一章　绪论

宋代是我国制瓷业的全盛时期,在窑业技术上空前发展,在窑口分布上亦是"遍地开花"。经过晚唐、五代时期的战乱分裂,人口的南迁交流,打破了唐朝时期的"南青北白"局面——官窑辈出,私窑蜂起,既有后代所称的五大名窑,"定窑、汝窑、官窑、哥窑、钧窑"①等典型代表,也有耀州窑、龙泉窑、磁州窑、建窑、吉州窑等特色窑系,更有遍布全国各地的民间土窑。据新中国成立后的古窑址调查结果统计,宋代窑址占全国古窑址比例最大且分布范围广,较为集中于当时的首都(如北宋的汴梁、南宋的临安)与沿海一带的对外通商港口附近。②

福建闽南地区凭借泉州港、漳州港以及厦门港成为宋元至明清时期海上商贸的重要集散地,海上交通的发达刺激了陶瓷手工业的发展。宋代福建沿海地区陶瓷业依托泉州港的发展,窑场如雨后春笋蓬勃兴旺,遍布全省各地。③随着21世纪考古调查发掘工作的大范围开展和研究工作的细致深入,福建地区的窑业面貌也得以更加科学、有序地展示在世人面前。2017年8月至10月,厦门大学历史系考古专业师生与漳州市文物保护中心、云霄县博物馆工作人员对福建漳州云霄县水头窑址进行了抢救性发掘,并对发掘资料和出土器物进行了细致的整理工作。在此基础上,通过本书的初步分析,以求对水头窑址乃至闽南地区的宋代制瓷业有一初步的了解。

第一节　研究对象

本书的研究对象为水头窑址和水头窑址出土的器物标本。

水头窑址位于福建省漳州市云霄县火田镇水头村田头前自然村。窑址于20世纪50年代末文物普查时由福建省考古队发现并调查登记,1985年被公布为云霄县文物保护单位。现保存有数处窑业堆积,地表散见碗、杯、盘、碟、香炉等瓷器标本及匣钵、垫饼等窑具

---

① 中国硅酸盐学会主编:《中国陶瓷史》,北京:文物出版社,1982年,第227~231页。
② 冯先铭:《冯先铭谈宋元陶瓷》,北京:紫禁城出版社,2009年,第155~157页。
③ 叶文程、林忠干:《福建陶瓷》,福州:福建人民出版社,1993年,第182~183页。

标本,堆积十分丰富,最深可达 2～3 米,面积共约 10000 余平方米。[①] 为了配合云平高速公路(云霄段)的基本建设,2017 年 6—9 月厦门大学历史系考古专业和漳州市文物保护中心在云霄县博物馆的配合下对其进行了抢救性考古发掘,发掘面积约 1050 平方米。出土了一批种类较为丰富的青瓷、青白瓷与窑具标本,扩展了对漳州地区窑业生产的认知,为研究福建地区宋代窑业的发展提供了新的实物资料。

第二节　研究范围

本书研究时段主要集中在宋元时期,根据水头窑址发掘简报中的年代推断,该窑址的造烧年代集中于北宋中期至南宋早中期。

本书所研究的地域范围,即水头窑址,依据现今的行政划分,位于漳州市云霄县。云霄县位于福建省南部沿海,晋为绥安县治,唐开元设漳浦驿,宋设漳浦县临水驿,元设云霄驿。在宋元时期的文献记载中将云霄划分至漳浦县。[②] 故将研究范围定为福建南部的闽南地区,同时根据前辈的研究和界定,暂将水头窑址列为宋代时期的同安窑系。在探讨产品技术交流和各窑口的相互关系中,将涉及多个窑口区域,则将研究范围扩大至与同安窑系有制瓷交流的地区。目前学界认为同安窑系及其类似窑址的分布区域有:福建闽北、闽南地区,浙江金华、武义等地区,广东潮州、汕头等地区。[③]

第三节　研究史回顾

一、水头窑址的研究现状

水头窑址位于福建省闽南地区的漳州市云霄县,于 1957 年和 1983 年由福建省考古队调查发现以及登记,1985 年 1 月 15 日被公布为云霄县文物保护单位。1997 年,云霄县博物馆馆长汤毓贤先生对水头窑址进行复查,并梳理采集瓷器标本,著成《福建云霄火田水头窑调查》一文。该文利用采集的器物标本进行考古类型学分析,从造型、纹饰以及釉色上总结水头窑址的器物特征,认为其与浙江龙泉窑早期产品有诸多相似之处,并与漳平

---

①　汤毓贤:《福建云霄火田水头窑调查》,《福建文博》1999 年增刊(总 35 期),第 144～148 页。
②　福建省云霄县地方志编纂委员会编:《云霄县志》,北京:方志出版社,1999 年,第 1 页。
③　叶文程主编,傅宋良、林元平著:《中国古陶瓷标本·福建汀溪窑》,广州:岭南美术出版社,2002 年。

的永福窑、漳浦的罗碗井窑类似,产品面貌相对单纯。① 2001 年,栗建安先生在《福建古窑址考古五十年》中提到云霄水头窑,将其和同安汀溪窑,漳浦竹树山窑、南山窑,南安罗东窑等列为闽南地区的重要青瓷窑址。② 并且同年在《宋元时期漳州地区的瓷业》中提出,生产"珠光青瓷"的青瓷窑址有漳浦竹树山窑、南门坑窑,云霄水头窑,东山磁窑以及罗宛井窑等。③ 随后,叶文程先生在《福建汀溪窑》中将云霄水头窑址列为汀溪窑类型(或同安窑系)。④《闽南古陶瓷研究》一书中提到云霄水头窑是宋元时期涌现的。⑤ 而对于水头窑址展开相关研究的主要有孟原召先生在《闽南地区宋至清代制瓷手工业遗存研究》一书中,梳理了闽南地区宋代至清代的窑业面貌和窑业技术的交流情况,其中在两宋时期的窑址介绍中也提到了水头窑址。⑥ 厦门市博物馆的郑晓君,在其硕士论文《宋元时期环九龙江口的陶瓷业与早期航运》中,根据考古发掘和调查的资料,梳理了环九龙江江口区域的制瓷技术、器物形态和窑址内涵,并探讨这一区域窑业的技术渊源,同时以瓷器窥探这一时期漳州港的航运地位。⑦ 在此文中,将水头窑址也归于环九龙江江口的制瓷窑址。但由于水头窑址一直没有发掘,故对其文化内涵的研究较少,不过对周边窑址如同安汀溪窑,漳浦罗宛井窑、竹树山窑、南山窑等窑址的发掘研究以及对同安窑系、闽南地区窑业的相关研究都对水头窑址的研究分析具有借鉴意义。

二、同安窑系的研究现状

宋代是我国制瓷史上的一个繁荣期:一是瓷窑系的形成,根据窑口的产品、釉色、造型和装饰的差别,陶瓷考古学家将其分为六个瓷窑体系:"北方地区的定窑系、耀州窑系、钧窑系、磁州窑系,南方地区的龙泉青瓷系、景德镇的青白瓷系。"⑧二是名瓷名窑的出现,有今之所谓的五大名窑:定窑、汝窑、官窑、哥窑、钧窑。三是制瓷工艺上的百花齐放,有钧瓷的窑变色釉、景德镇青白釉、龙泉青瓷、哥窑冰裂纹以及建盏黑瓷等。集唐代青、白瓷之大成,并突破了"南青北白"之局面。⑨ 宋元时期,随着人口的迁移、经济的稳定发展、宋朝对海外贸易的政策推动,福建陶瓷进入了一个大发展时期。据考古调查资料统计,这一时期福建全省发现的宋代窑址有一百七十余处,而且有的窑场规模宏大,连绵十余里。宋代福建的陶瓷文化根据窑口的产品工艺、釉色、造型和装饰的不同,可以分为几个瓷窑体系:一

① 汤毓贤:《福建云霄火田水头窑调查》,《福建文博》1999 年增刊(总 35 期),第 144～148 页。
② 栗建安:《福建古窑址考古五十年》,《陈昌蔚纪念基金会论文集一》,台湾财团法人陈昌蔚文教基金会,2001 年。
③ 栗建安:《宋元时期漳州地区的瓷业》,《福建文博》2001 年第 1 期。
④ 叶文程主编,傅宋良、林元平著:《中国古陶瓷标本·福建汀溪窑》,广州:岭南美术出版社,2002 年,第 14 页。
⑤ 厦门市博物馆:《闽南古陶瓷研究》,福州:福建美术出版社,2002 年。
⑥ 孟原召:《闽南地区宋至清代制瓷手工业遗存研究》,北京:文物出版社,2017 年。
⑦ 郑晓君:《宋元时期坏九龙江口的陶瓷业与早期航运》,厦门大学硕士学位论文,2007 年。
⑧ 中国硅酸盐学会主编:《中国陶瓷史》,北京:文物出版社,1982 年,第 227～231 页。
⑨ 中国硅酸盐学会主编:《中国陶瓷史》,北京:文物出版社,1982 年,第 227～231 页。

是青瓷窑系,以厦门同安窑系为主要代表,烧造国内外闻名的"珠光青瓷";二是黑瓷窑系,以建阳水吉建窑为主要代表,烧造黑釉兔毫盏,在当时颇受青睐;三是青白瓷窑系,以泉州德化窑为主要代表,烧造的青白瓷受景德镇畅销青白瓷的影响,又独具地方特色。① 地处东南沿海的闽南地区是福建重要的古窑址分布区域,闽南地区依山傍水,海上交通航道兴盛,具有得天独厚的制瓷条件和运输条件,在我国古代瓷器的生产与销售中占有举足轻重的地位。② 关于宋代闽南地区的陶瓷研究,除了建窑黑瓷、德化青白瓷,更多的是对于同安窑系的研究,主要是同安窑系概念的提出,以及对同安窑系的创烧年代和窑业特征以及瓷器产品与龙泉青瓷、景德镇青白瓷的关系、外销等问题的研究。③ 这些问题的研究对于本书有关水头窑址的探讨也有着积极的指导作用。

首先,关于"同安窑系"概念的研究:之前一向把福建青瓷称为福建"土龙泉","土龙泉"的说法是1956年陈万里先生和冯先铭先生在考察同安汀溪水库后提出的,即浙江龙泉青瓷的仿制品。④ 庄为玑先生在《浙江龙泉与福建的土龙泉》中认为土龙泉是福建地区对龙泉青瓷的粗略仿制。⑤ 叶文程先生也在《宋元时期龙泉青瓷的外销及其有关问题的探讨》中认为福建的同安窑青瓷应属于仿龙泉青瓷系统。⑥ 李辉炳先生的《福建省同安窑调查纪略》首次对比了日本所谓的"珠光青瓷"和同安窑青瓷,证实了他们确为同一产地的产品⑦,于是同安窑系青瓷不仅是作为仿龙泉青瓷而存在,又具有其自身的影响力。福建"土龙泉"青瓷持续时间较长,宋、元、明三代皆有,而同安窑系的烧造主要集中于宋元时期,以烧造同种类型的青瓷而得名。关于同安窑系青瓷,有学者将其概括为"珠光青瓷",是一种器内划花和篦点、器外划直线篦纹,釉色暗黄褐色,底足露胎的青瓷器。因日本"茶汤之祖"——珠光高僧的喜爱而得名。⑧ 随着新中国成立后考古调查工作的展开,对于同安窑的认识也由同安汀溪窑一窑址扩大到福建范围内的二十多处。此后同安窑青瓷和建窑黑瓷、德化青白瓷并列为宋代福建三大窑系。林忠干先生在《同安窑系青瓷的初步研究》中总结道,"同安窑系"应指宋元时期,深受龙泉青瓷风格影响的在福建地区烧造的以同安汀溪窑为代表,具有地方特色的一群青瓷窑址。⑨ 叶文程、林忠干先生在1993年的《福建陶瓷》一书中调查统计,宋元时期,闽南地区类似同安汀溪窑青瓷的窑场多达二十多处,有泉州沿海地区和厦门周边地区、漳浦周边地区。⑩ 同安窑系的窑址主要有:厦门东窑、碗窑、磁灶窑,漳浦北旗窑、竹树山窑、南山窑、赤土窑,云霄水头窑,东山磁窑等,泉州、南安、惠

① 叶文程、林忠干:《福建陶瓷》,福州:福建人民出版社,1993年,第6~7页。
② 郑东:《福建闽南地区古代陶瓷生产概述》,《东南文化》2002年第5期,第56~57页。
③ 叶文程主编,傅宋良、林元平著:《中国古陶瓷标本·福建汀溪窑》,广州:岭南美术出版社,2002年。
④ 陈万里、冯先铭:《故宫博物院十年来对古窑址的调查》,《故宫博物院院刊》1960年,总第2期。
⑤ 庄为玑:《浙江龙泉与福建的土龙泉》,《中国考古学会第三次年会论文集 1980》,北京:文物出版社,1982年。
⑥ 叶文程:《宋元时期龙泉青瓷的外销及其有关问题的探讨》,《海交史研究》1987年第2期。
⑦ 李辉炳:《福建省同安窑调查纪略》,《文物》1974年第11期,第80~84页。
⑧ 李辉炳:《福建省同安窑调查纪略》,《文物》1974年第11期,第80~84页。
⑨ 林忠干:《同安窑系青瓷的初步研究》,《东南文化》1990年第5期,第391~397页。
⑩ 叶文程、林忠干:《福建陶瓷》,福州:福建人民出版社,1993年,第222页。

安、安溪、福清、建阳等地也皆有类似窑址。① 郑东先生在《福建闽南地区古代陶瓷生产概述》中指出,同安汀溪窑规模宏大,器型丰富,影响周围众多窑口,形成了以其为代表的青瓷系,亦称同安窑系,成为闽南陶瓷的生产主流。② 由于在福建省内此类窑址数量多、分布广,各地的研究者们纷纷以同安汀溪窑的篦纹刻划花青瓷为典型器或代表性器物。日本学者称其为"珠光青瓷",现已成为同安窑的代名词而与"同安窑系"一词同样被广泛地使用。此外,随着研究的深入和考古调查发掘范围的扩大,于浙江龙泉、金华、武义、温州,广东的潮州、汕头等地区也皆发现此特征的青瓷。③ 但是林忠干先生认为,"同安窑系"这一名称应专指福建地区为宜。④ 叶文程先生在 2002 年的介绍性专著《福建汀溪窑》中,认为同安窑系应指"珠光青瓷"一种产品类型,因窑址同时兼烧几种釉色产品类型,所以福建地区同类窑业可称为"汀溪类型"。⑤ 总之,同安窑系泛指闽北和闽南地区的大部分烧造"珠光青瓷"的窑址,近期学者以"汀溪类型"指代同安窑系中"珠光青瓷"这一产品类型。

其次,关于同安窑系的创烧年代:目前学界大部分将其定在两宋时期。窑址调查初始阶段,福建省文物管理委员会推测其在宋代或稍早,冯先铭先生在《三十年来我国陶瓷考古的收获》中提到厦门同安窑烧造年代可能在元代,而东烧尾窑可能早至唐代。随着国内外陶瓷研究的深入,李辉炳先生在《福建省同安窑调查纪略》中阐述了日本学者小山富士夫的时代(20 世纪 30 年代)出土的珠光青瓷,镰仓时代相当于我国的南宋时期,那么同安窑系青瓷的烧造年代上限至少可以确定为南宋时期。⑥ 但 1975 年,福建省顺昌大坪林场发现了一座宋墓,共同出土的有同安窑系类型的青黄釉划花碗和一批铜钱,其中墓内出土的铜钱,年代最晚的是北宋神宗时期的元丰通宝,大坪林场宋墓的发掘将同安窑系烧制的汀溪类型瓷器生产年代提早到了北宋。⑦ 根据调查采集的白瓷器标本,同安窑的烧造年代可能早至北宋,下限至元代。⑧ 叶文程先生在《福建汀溪窑》中根据国内外出土资料和文献记载将汀溪窑分为三期,即北宋晚期至南宋中期为前期崛起,南宋中期至元前期为中期鼎盛,元代后期开始衰败。⑨ 郑东先生在《福建闽南地区古代陶瓷生产概述》中认为,同安汀溪窑始烧于北宋晚期,盛于南宋而终于元。⑩

最后,关于同安窑系的窑业特色:早期学者皆以"珠光青瓷"概括同安窑产品,陈万里、叶文程、李辉炳等学者认为汀溪窑、东窑等闽南地区的窑址是为了迎合海外市场而大批量

---

① 叶文程主编,傅宋良、林元平著:《中国古陶瓷标本·福建汀溪窑》,广州:岭南美术出版社,2002 年,第 14 页。

② 郑东:《福建闽南地区古代陶瓷生产概述》,《东南文化》2002 年第 5 期,第 56~62 页。

③ 董健丽:《论浙江和福建的珠光青瓷》,《东方博物》2011 年第 1 期,第 78~84 页。

④ 林忠干:《同安窑系青瓷的初步研究》,《东南文化》1990 年第 5 期,第 392 页。

⑤ 叶文程主编,傅宋良、林元平著:《中国古陶瓷标本·福建汀溪窑》,广州:岭南美术出版社,2002 年,第 21 页。

⑥ 冯先铭:《三十年来我国陶瓷考古的收获》,《故宫博物院院刊》1980 年第 1 期。

⑦ 曾凡:《福建顺昌大坪林场宋墓》,《文物》1983 年第 8 期。

⑧ 李辉炳:《福建省同安窑调查纪略》,《文物》1974 年第 11 期,第 83~84 页。

⑨ 叶文程主编,傅宋良、林元平著:《中国古陶瓷标本·福建汀溪窑》,广州:岭南美术出版社,2002 年,第 21 页。

⑩ 郑东:《福建闽南地区古代陶瓷生产概述》,《东南文化》2002 年第 5 期,第 56~62 页。

粗略制造珠光青瓷。① 但随着同安汀溪窑的调查发掘工作的深入开展,发现其窑业面貌更加复杂和深厚。傅宋良先生在《闽南古陶瓷研究》一书中介绍,同安窑系的窑址不仅烧造单一釉色产品,如汀溪窑烧造青瓷和青白瓷两种产品类型,漳浦的罗宛井窑、南平的茶洋窑除青瓷外还烧造青白瓷、白瓷、黑瓷、绿釉瓷等。而"珠光青瓷"仅是这些窑址中的一种产品类型。② 其"珠光青瓷"的技法来自浙江龙泉窑,③青白瓷则属于景德镇窑系。④ 栗建安先生在《宋元时期漳州地区的瓷业》中也认为福建的青瓷器为仿龙泉窑,青白瓷器是仿景德镇窑的,⑤甚至有些窑址烧造建窑系黑釉瓷。⑥ 林忠干先生在《同安窑系青瓷的初步研究》中提出同安窑系不仅仿制龙泉青瓷,且有独特的地方特色。同安窑系的各窑口在仿制过程中,吸收了易于传播的器型、纹饰等外在技术,而在装烧工艺和窑炉技术上具有自己的作风。⑦ 此外,同安窑系的窑址烧造的瓷器属于外销性质。福建地区依托泉州港的发展,窑业兴盛,而同安窑靠近泉州,其产品的出口十分便利。⑧ 陈万里先生在调查同安汀溪窑时,根据已发现的窑址碎片判断,此类器型的完整器物在国内传世的很少,当年的制成品应多用于外销。⑨ 厦门大学的王新天先生在《中国东南海洋性瓷业发展史》一书中系统地梳理了中国东南地区的窑业发展史以及外销状况,通过对海内外宋元沉船资料的分析和航线的研究,指出闽南地区为宋元时期外销航线中的重要枢纽,东南地区的海洋性瓷业具有很强的辐射能力。⑩ 根据目前海外出土遗物和沉船打捞资料显示,宋元时期出口的粗制青瓷多为福建仿龙泉产品。⑪ 所以,同安窑系的为仿龙泉青瓷、仿景德镇青白瓷,兼烧多种釉色瓷器且面向国外的外销型窑场。

综合上述研究情况可以看出,自新中国成立以来,关于同安窑系的研究从个别窑址到窑系都有详尽的论述,同安窑系在福建陶瓷史上占有重要的地位。首先在调查勘探阶段,人们以"珠光青瓷"这一特征来概括福建地区的众多窑址,将其称为同安窑系。随着考古发掘工作的大范围开展,同安窑系复杂、深厚的文化内涵展现在世人面前。目前学界将"同安窑系"

① 陈万里:《建国以来对于古代窑址的调查》,《文物》1959 年第 10 期,第 44～49 页。叶文程:《宋元时期龙泉青瓷的外销及其有关问题的探讨》,《海交史研究》1987 年第 2 期。李辉炳:《福建省同安窑调查纪略》,《文物》1974 年第 11 期,第 80～84 页。

② 厦门博物馆编:《闽南古陶瓷研究》,福州:福建美术出版社,2002 年,第 114 页。

③ 庄为玑:《浙江龙泉与福建的土龙泉》,《中国考古学会第三次年会论文集 1980》,北京:文物出版社,1981 年。

④ 叶文程主编,傅宋良、林元平著:《中国古陶瓷标本·福建汀溪窑》,广州:岭南美术出版社,2002 年,第 9 页。

⑤ 栗建安:《宋元时期漳州地区的瓷业》,《福建文博》2001 年第 1 期。

⑥ 叶文程主编,傅宋良、林元平著:《中国古陶瓷标本·福建汀溪窑》,广州:岭南美术出版社,2002 年,第 9 页。

⑦ 厦门博物馆编:《闽南古陶瓷研究》,福州:福建美术出版社,2002 年,第 254 页。

⑧ 李辉炳:《福建省同安窑调查纪略》,《文物》1974 年第 11 期,第 84 页。

⑨ 陈万里:《闽南古代窑址调查小记》,《文物参考资料》1957 年第 9 期。

⑩ 王新天:《中国东南海洋性瓷业发展史》,厦门大学博士学位论文,2007 年。

⑪ 林忠干:《同安窑系青瓷的初步研究》,《东南文化》1990 年第 5 期,第 392 页。叶文程:《宋元时期龙泉青瓷的外销及其有关问题的探讨》,《海交史研究》1987 年第 2 期,第 11 页。

细化到烧造珠光青瓷的"汀溪窑类型"和仿景德镇青白瓷窑系。但是北京大学的陶瓷专家秦大树教授指出:"窑系"这一概念具有局限性,它是在陶瓷考古的早期为了陶瓷收藏和鉴赏、便于瓷器特征的研究和分期而提出的。从制作工艺和窑炉技术上来看,这种窑系划分不能很好地反映当时的窑业生产实际情况。为了应对市场的需求和工艺的发展,"在一定区域内,众多窑场的产品在同一时期拥有相当多的共性"[①],许多不同窑系的产品会存在于同个窑址中。[②] 因此,当今我们在探讨瓷器的工艺技术和源流时,需要根据具体窑址的考古发掘资料和窑口的地理环境特征来研究这一窑址的窑业特征、与周边窑口的相互关系,不能一概而论。根据 2017 年厦门大学考古队对漳州水头窑址的调查发掘成果,本书将梳理最新的考古调查和发掘资料,比照同安窑系的诸窑址出土器物,以达到厘清水头窑址窑业特征的目的,并丰富和健全对"同安窑系"文化内涵以及宋元时期漳州地区窑业面貌的认识。

第四节　研究思路与研究方法

本书主要对水头窑址出土的瓷器标本,运用考古类型学的方法,从器型、纹饰、工艺等角度来展开分期研究,并通过与典型窑址材料进行对比,判断各期年代,再通过文化因素分析方法来比较水头窑址产品与周边窑址的异同,归纳该窑址的技术特点和产品特色,同时探讨其文化交流、传播现象。全书上篇共分四章:

第一章绪论,主要阐述选题背景、研究对象和目前学术界对宋元时期闽南地区"同安窑系"的相关研究,论述本书选题的意义和研究目的。

第二章主要介绍水头窑址的基本概况,包括前期发现情况和考古发掘情况,依据考古发掘的地层关系和相应的出土遗物,梳理出一批具有代表性特征的器物标本做下一步的类型学研究。

第三章主要针对水头窑址的出土器物进行考古类型学研究,通过分型、分式,归纳相应期别,判断各期年代。

第四章主要在考古类型学研究的基础上,对水头窑瓷器进行文化因素分析,通过水头窑瓷器与周边典型窑址瓷器的对比分析,以水头窑所包含的文化因素来判断其产品特色与技术特点,探寻其产品蕴涵的文化交流情况;并通过与沉船资料以及海外出土遗物资料的对比,分析其产品在市场贸易中的特点和传播情况。

结语部分,主要对本书的研究内容和得出的结论进行归纳总结,尝试提出一些自己的看法。

本书主要采用的是考古田野发掘、类型学研究方法、文化因素分析以及文献学等研究方法对水头窑和水头窑址出土器物进行研究分析。

---

① 秦大树:《论"窑系"概念的形成、意义及其局限性》,《文物》2007 年第 5 期,第 60～66 页。
② 秦大树:《论"窑系"概念的形成、意义及其局限性》,《文物》2007 年第 5 期,第 60～66 页。

第二章 水头窑址概况

第一节 水头窑址地理位置

云霄县位于福建省南部沿海地区,东北与漳浦县交界,东南与东山县相连,西南与诏安县毗邻,西北与平和县接壤。位于北纬 23°45′～24°14′,东经 117°7′～117°23′ 之间。云霄依山面海,地势自西北向东南斜倾,低山占 13%,丘陵占 49%,平原占 28%,淡水水面占 10%,属丘陵、台地、低山结合地带。境内主要河流和地表水系有:漳江干流(俗称北溪),东北、西部、东南部支流注入漳江湾内海,东南部河流汇入东山湾内海;西北部有大型峰头水库,西南部有杜塘水库。千米以上的山峰有 7 座,山上植被茂密。属南亚热带海洋性气候,气候温和,四季如春。境内有丰富的动植物资源、水资源、药材资源,地层蕴藏着大量的花岗岩和水晶、瓷土、明矾、钨、铅、锌、金、银等矿物。[①] 因此,云霄县境内丰富的瓷土、燃料资源为窑址的出现提供了物质基础;发达的地表河流为产品运输提供了便利的交通。

水头窑址位于福建省漳州市云霄县火田镇水头村田头前自然村东 300 米的碗仔山上(图 2-1),距离云霄县城 9 公里,距离漳江内海湾仅十多公里(图 2-2)。窑址所在地为一山间小盆地,主要位于西南山坡,南侧有小溪(窑陂)由东向西汇入漳江,东、南、西面为丘陵山地,平均海拔约 35～50 米。[②] 窑场依山傍水,瓷土资源丰富,柴薪资源充足,水系发达,靠近漳州港,水运交通便利。

窑址整体保存状况一般,面积约 10000 平方米,堆积较厚,部分堆积厚达 3 米。为了配合云平高速公路云霄段的基本建设,厦门大学历史系考古专业和漳州市文物保护中心共同协作,于 2016 年 10 月和 2017 年 6 月对水头窑址进行了两次调查勘探工作。窑址区域现今为当地农民的果树种植园,故耕土层植物根茎发达。

2017 年 8—10 月,因海西网漳州云霄至平和(闽粤界)高速公路云霄段途经水头窑址南部,无法避让,厦门大学历史系考古专业和漳州市文物保护中心在云霄县博物馆的配合

---

① 福建省云霄县地方志编纂委员会编:《云霄县志》,北京:方志出版社,1999 年。
② 汤毓贤:《福建云霄火田水头窑调查》,《福建文博》1999 年增刊(总 35 期)。

下，对其进行了抢救性考古发掘，发掘面积1050平方米。① 根据勘探调查结果，划分为窑炉区和堆积区，布有10个10米×10米的探方，探方皆为正北方向，具体探方分布如图2-3、图2-4所示。

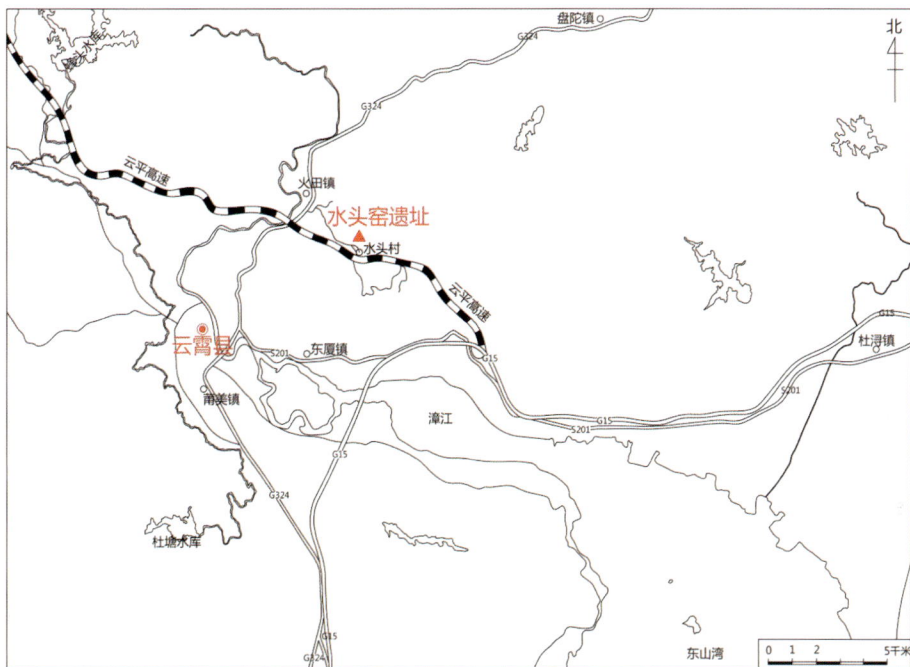

图 2-1　水头窑址地理位置细节图

图 2-2　水头窑址卫星地图

① 厦门大学历史系、漳州市文物保护中心、云霄县博物馆：《福建云霄水头宋代窑址发掘简报》，《文物》2019年第10期。

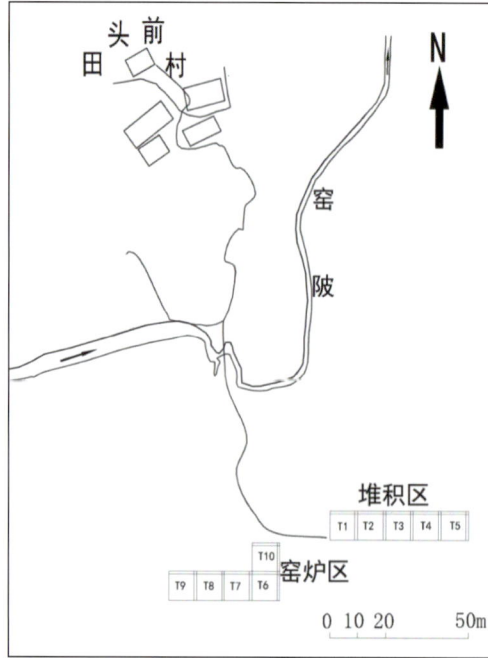

图 2-3　水头窑址探方分布图

图 2-4　水头窑址航拍图

图 2-1、2-2、2-3、2-4 资料来源：厦门大学历史系、漳州市文物保护中心、云霄县博物馆：《福建云霄水头宋代窑址发掘简报》，《文物》2019 年第 10 期以及 2017 年水头窑址发掘资料。

第二节　水头窑址地层关系

整个发掘区可以分为两个区域,即窑炉区和堆积区。其中 T01～T05 位于堆积区,T06～T10 位于窑炉区。

堆积区的地层关系可分为四层,现以探方 T01 东壁(图 2-5)为例,对地层做简要介绍,T01 位于堆积区西部,离窑炉区较近,靠近窑陂,地势较低,地层丰富。

T01 东壁:呈坡状堆积,地层分为 4 层,分别为第①、第②层,②层下为生土。其中②层可以分为 a、b、c 三小层。

第①层:灰黑色沙土,土质较疏松,厚 0.2～0.68 米,为表土层。包含大量青瓷片、青白瓷片、匣钵片、垫饼等。青瓷器器型有碗、盘、碟、杯等,青白瓷器器型有碗、盘、杯、壶等。

第②a 层:灰黄色土,较疏松,0～1.25 米。包含大量青瓷片、匣钵和匣钵片、垫饼等。瓷器以青釉为主,少量青白釉。器型有碗、盘、碟、杯等。装饰多为双面刻划花,外壁纹饰多为折扇纹、莲瓣纹、篦划线纹等,内部纹饰有卷草纹、团菊纹、缠枝花卉纹、云气纹等。

第②b 层:红褐色土,厚 0～1.35 米。包含大量红烧土、窑砖、青瓷片、匣钵片、窑具等。瓷器以青釉居多,少量青白釉。器型有碗、盘、碟、杯、盒、罐、香炉等。纹饰有蕉叶纹、卷草纹、团菊纹、篦划纹等。

第②c 层:棕黑色土,厚 0～1.68 米。包含大量红烧土、窑砖、青瓷片、窑具等。瓷器以青釉为大宗,几乎不见青白釉。器型有碗、盘、碟、杯等,以素面居多。[①]

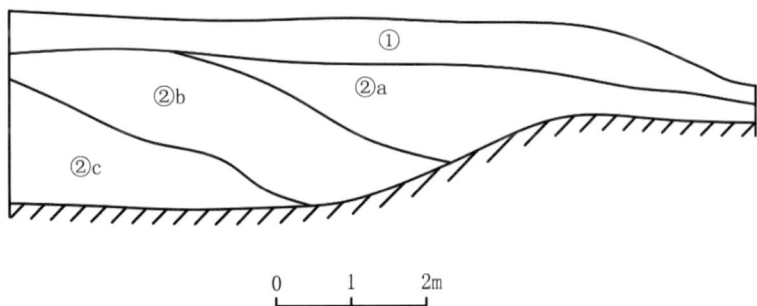

图 2-5　探方 2017YPT01 东壁剖面图

资料来源:水头窑址 2017YPT01 发掘记录表,2017 年。

窑炉区的地层情况以 T06 南壁为例(图 2-6)做如下简要介绍。T06 位于窑炉区的东南方向,窑址坡脚位置。

---

① 厦门大学历史系、漳州市文物保护中心、云霄县博物馆:《福建云霄水头宋代窑址发掘简报》,《文物》2019 年第 10 期。说明:地层编号由发掘时期的划分至后期整理统一地层时有微小调动,以简报地层划分为准。

T06 南壁：呈水平堆积，地层分为 2 层，分别为第①、第②层，②层下为生土。

第①层：厚 0.2～0.65 米。灰黑色土，土质较疏松，包含有瓷器、匣钵片、垫饼等。瓷器以青釉为主，器型有碗、盘、碟、杯等。应为窑炉废弃后被扰乱的废品堆积层。

第②层：厚 0.3～1.2 米。浅红灰色土，较疏松，内夹红烧土，包含物较丰富，主要是残瓷片和匣钵片。瓷器多为青釉，少量青白釉，器型有折扇纹碗、莲瓣纹碗、水波纹碗、莲瓣纹香炉、杯、碟、执壶等，碗的类型和数量较多。应为 Y1 窑炉使用过程中的堆积，此层下为 Y1 窑炉遗迹，打破生土。[1]

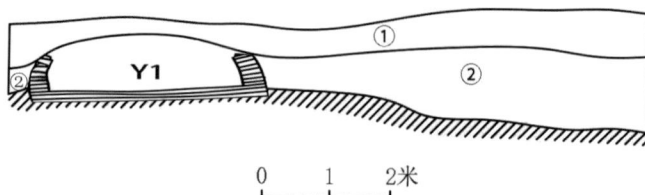

图 2-6 探方 2017YPT06 南壁剖面图

资料来源：水头窑址 2017YPT06 发掘记录表，2017 年。

---

[1]　厦门大学历史系、漳州市文物保护中心、云霄县博物馆：《福建云霄水头宋代窑址发掘简报》，《文物》2019 年第 10 期；以及考古发掘过程中的整理资料。因 T06 后期有扩方，故前后期剖面图有所不同，本书采用前期未扩方时所绘制的南壁剖面图。

第三章 水头窑址出土遗物的
类型学研究

水头窑址出土遗物非常丰富,以瓷器和窑具为主,另有少量制瓷工具等。出土器物釉色以青釉瓷为主,釉色多青中泛黄、青、青灰,也有少量青绿色;青白釉瓷次之,釉色青中泛白。此外还有部分未施釉的陶胎。一般内外满施釉,圈足多数施釉,唯足底露胎,少数施釉不及圈足。多数器物有不同程度的流釉痕迹。有的青釉釉层较厚,有玻璃质感,一般有细小开片。部分青釉瓷器釉色呈青黄、青灰和青绿色,均较薄,有小冰裂纹。青白釉瓷器制作较为精细,而青釉瓷器制作较为粗糙。绝大多数器物为轮制,个别器物为捏塑。胎色以灰白、灰黄为主,少量色白、色红。多数质地致密,硬度较大,器壁厚薄均匀。有的灰黄色胎质较松,瓷石成分多不足,有的则完全属陶胎。

器型以碗、杯、盘为主,另有少量盏、碟、香炉、器盖、罐、执壶等。因时间和精力有限,本次初步整理水头窑址的出土器物标本 439 件,其中修复计百余件。其中碗的数量最多,约 278 件,占比 74.68%;其次是盘,70 件,占比 16.08%;再次是杯,约 63 件,占比 14.5%;此外还有少量的碟、盏、炉、器盖、执壶、钵等。器物以素面为多数,约占 67%,此外也有相当一部分器物装饰有花纹,纹饰以划花、刻花为主,蕉叶纹、莲瓣纹、草叶纹、缠枝花卉纹次之,有少量牡丹纹。[①]

根据器物标本的数量、复原情况和残存状况,本书选取碗、盘、杯、壶、炉、窑具等典型标本进行考古类型学分析。

第一节 出土器物的类型学分析

水头窑址是一个主烧青釉瓷器的窑场,青釉瓷器釉色多青中泛黄,部分呈色偏青、偏灰、偏白,少量未施釉。青白瓷相较于青釉瓷数量少,釉色青中泛白。其中碗、盘、杯、炉等瓷器种类数量较多,器物富有变化,故此处选取碗、盘、杯、炉、碟中的部分标本为分析对象。

---

① 资料来源:笔者对水头窑址出土器物的后期整理统计。

一、瓷器产品

(一)碗

42件,出土数量最多,器型最丰富。根据碗的口沿形状、器物形态,大体可以分为三型。

1.A型,10件,已修复

葵口弧腹碗,口沿外撇,口沿有向内压印"出筋",曲呈花口状,圈足,碗底部胎较厚。根据口沿、腹部以及圈足特征可分为三式。

(1)Ⅰ式。葵口六瓣式,口沿微撇,深弧腹,整体形状敦实,矮圈足,器内底部微凹,挖足较浅。多为素面,施釉较厚。

标本2017YPST03②a:9,花口,口沿微撇上折,近直口,上腹部稍直而下腹部明显折收,腹壁外弧鼓呈墩子式,器壁上薄下厚,圈足,釉色青中微泛灰,无开片,内外施满釉,足内不施釉。胎色灰白,质地较紧密。素面无纹,外腹壁可见拉坯留下的横向条纹。口径15.3厘米、足径7.3厘米、高7.9厘米(图3-1:1)。

标本2017YPST04②a:5,花口,口沿微撇上折,深弧腹,圈足,釉色青中泛绿,无开片,内施满釉,外施釉至下腹部,口沿施釉较厚,有流釉现象,圈足及足底未施釉,无开片。胎色灰黄,质地紧密。素面无纹,外腹壁也可见拉坯留下的横向条纹。口径15厘米、足径7.5厘米、高8.1厘米。

(2)Ⅱ式。葵口六瓣式,口沿较Ⅰ式外撇更甚,斜弧腹,上腹部斜直而下腹部较Ⅰ式弧收,腹壁较圆鼓,圈足较Ⅰ式略高,挖足较深。

标本2017YPST03②b:4,花口,口沿外撇稍平折,腹较深,腹壁较斜直,圈足,挖足较深。釉色青中泛灰,内外皆满施釉,圈足底内露胎。灰白胎,胎质坚硬。口沿下面一圈饰波浪线纹,外壁刻划蕉叶纹和篦线纹。口径15.3厘米、足径6.9厘米、高9.7厘米(图3-1:2)。

标本2017YPST01②b:29,花口外撇,弧腹,圈足。青绿釉,内外皆施满釉,圈足内底露胎。白黄胎,胎质紧密。素面,器外壁有几圈拉坯形成的细纹。口径15.5厘米、足径6厘米、高8.5厘米。

(3)Ⅲ式。葵口,敞口,口沿外撇较Ⅱ式更甚,斜直腹至底端折收,腹壁相比Ⅱ式较浅较小,圈足较Ⅱ式更高,腹和底的交接处不明显。纹饰多为蕉叶纹。釉层较厚。

标本2017YPST02②a:14,花口,口沿外撇,斜弧腹,圈足。釉色青灰中泛黄,灰白胎,胎质紧密。内外施满釉,器外有细微开片。外饰蕉叶纹,蕉叶内有饰有竖线篦划纹。口径15.6厘米、足径6.3厘米、高8.2厘米(图3-1:3)。

A型花口弧腹碗,口沿由微撇发展为微折,腹壁由近直口发展至斜弧再至斜直,圈足更窄更高。纹饰早期多素面,后期多刻划蕉叶纹。施釉由厚变薄,开始不及圈足至内外施满釉。器形也由早期敦实发展至后期瘦高。釉色多呈青灰、青绿、青中泛白绿,施釉呈玻璃质感的大部分有开片。

2.B型,25件,已修复

敞口碗,根据器物的大小、腹壁情况可分为三个亚型。

(1)Ba型,敞口斗笠碗,腹斜直,呈斗笠状,圈足矮小,挖足较浅。

Ⅰ式。敞口厚圆唇,腹壁较斜直,腹较深,圈足矮小,挖足较浅,足墙较厚。

标本2017YPST03②c:3,敞口,尖圆唇,略芒口,口沿处有积釉现象,腹壁较斜直,腹略深。内施满釉,外壁施釉,圈足和足底露胎。青灰釉,白色胎,胎质紧密。素面,外壁有拉坯形成的细纹。口径12.6厘米、足径3.6厘米、高5.5厘米(图3-1:4)。

标本2017YPST04②c:10,敞口,尖圆唇,腹壁较斜直,近口沿处壁微弧,腹略深。白胎,胎质致密。釉色青白泛黄,釉层较厚,有细小开片。内施满釉,外壁施釉,圈足以及足底不施釉。素面,外壁有旋削痕,近口沿处有一圈凹痕。口径12.4厘米、足径3.8厘米、高5.6厘米。

Ⅱ式。敞口尖圆唇,腹壁斜直,腹较Ⅰ式略浅,腹壁较Ⅰ式斜直,矮圈足,挖足较浅,足墙较宽厚,底心深凹一圈。内壁多饰有团菊纹和刻划纹。外壁有少量饰有斜线刻划纹。

标本2017YPST01②a:5,敞口,尖圆唇(残品,口部变形),腹壁斜直。器内施满釉,碗壁施釉,圈足和足底部未施釉。釉色青中泛黄,玻璃质感,有开片。白胎,胎质致密。器内饰有团菊纹,其中内底心一圆形团菊,内腹壁饰有团菊纹,近口沿处有一圈留白。器外壁刻划折扇纹,近口沿处有一圈弦纹,斜线密集自口向底集聚。口径10厘米、足径3.4厘米、高5.5厘米(图3-1:5)。

标本2017YPST01②b:28,敞口,尖圆唇,腹壁斜直,腹略浅,小圈底,饼足浅挖。白胎,胎质坚硬,釉色青中泛黄,器内外有开片。内外施满釉,施釉较厚,底心有积釉。器内外饰有双面斜线刻划纹,外壁有黄色窑斑痕迹。口径12.3厘米、足径3.7厘米、高5.5厘米。

Ba型敞口斗笠碗,唇口渐尖,腹壁由略曲渐变为斜直,腹渐深,施釉渐厚,纹饰渐丰富。早期釉色多青灰色、青绿色,施釉较薄,釉色暗淡,部分器物有芒口。后期釉色多青中泛黄、青中泛灰,施釉较厚,釉色呈玻璃质感。

(2)Bb型。敞口,厚圆唇,深弧腹,胎体较厚实,圈足较高,挖足较深,足壁较厚。多数灰白胎,内外壁满施青釉,釉面有开细冰裂纹。按口部和腹部形状可分两式。

Ⅰ式。敞口,尖圆唇,弧腹较深,圈足矮大,器内底部较平。施釉较薄,釉色青翠,纹饰多为蕉叶纹。

标本2017YPST03②b:10,敞口,尖圆唇,腹壁较弧,胎体厚实,圈足矮大,器内底部宽平,挖足较深,足墙宽厚。灰白色胎,胎质坚硬,内外施满釉,足底不施釉,青色釉,釉色闷青。外壁饰有莲瓣纹,莲瓣内有短竖线篦划纹。口径15.3厘米、足径6.4厘米、高7.7厘米(图3-1:6)。

标本2017YPST01①:2,敞口,厚圆唇,深弧腹,胎体厚实,圈足较宽矮。白胎,胎质坚硬,釉层较厚,青白色釉,釉色莹润有光泽,内外施满釉,足内不施釉。口沿下有一圈凹痕,外腹壁刻划莲瓣纹,莲瓣上部较尖,莲瓣内填以篦线纹。口径21.2厘米、足径8.7厘米、高

8.9厘米。

Ⅱ式。敞口,厚圆唇,腹壁较Ⅰ式弧度更甚,胎体厚实,圈足较Ⅰ式略高、略小,挖足较深,足墙较厚。釉色多青中泛黄,多饰有莲瓣纹。

标本2017YPST01①:4,敞口,圆唇,深弧腹,胎体敦实,圈足较高,足墙较厚。灰黄胎,胎质致密,青釉,釉色青中泛黄,施釉较厚,有开片。器内外满釉,圈足部分和足内露胎。外壁饰有莲瓣纹,莲瓣内有短促的篦划线纹。口径18.1厘米、足径8厘米、高9.5厘米(图3-1:7)。

Bb型敞口碗,整体形状宽厚敦实,器形由宽敞发展为高敛。施釉也由薄变厚,釉色多青釉,有少量的青白釉,呈玻璃质感,有开片。此外还有部分未施釉的裸胎,胎色灰黄。

(3)Bc型。敞口,器形较大,弧腹,圈足宽矮,挖足较浅。根据腹壁弧度和圈足大小可分为三式。

Ⅰ式。大敞口,浅弧腹,腹壁较斜弧,内底较平,圈足较矮较大,挖足较浅,近饼足。

标本2017YPST02②c:32,敞口,厚圆唇,浅腹,腹壁斜弧,圈足,足较大较矮,底略平。白胎,胎质坚硬,内施满釉,外壁施釉,圈足和足底露胎。青灰釉,施釉较薄,有细小开片。口径22厘米、足径6.5厘米、高7.2厘米(图3-1:8)。

Ⅱ式。敞口,圆唇,弧腹,较深,腹部渐收,内平底,圈足渐高,比Ⅰ式略小,内底较平,挖足较浅,足墙较厚。灰白胎。施釉较薄,多饰有蕉叶纹,蕉叶宽大。

标本2017YPST04②b:2,敞口,圆唇,腹较深,腹壁略鼓,底部有一圈凹弦纹,内平底,圈足较高,挖足较浅。灰白胎,胎质致密,青釉。施釉较薄,外壁施釉不均,部分有露胎,以及圈足和足底未施釉。外壁饰有刻划蕉叶纹,口沿处饰有一圈波浪纹连接蕉叶顶部,蕉叶内填充篦划纹。口径23.5厘米、足径8.5厘米、高9.5厘米(图3-1:9)。

Ⅲ式。敞口,尖圆唇,深弧腹,腹壁渐鼓,高圈足,圈足比Ⅱ式较高较小,挖足渐深。施釉较厚,釉色透亮有光泽,呈玻璃质感,有开片。多饰有蕉叶纹,蕉叶较Ⅱ式略窄。

标本2017YPST03①:11,敞口,尖圆唇,深弧腹,腹壁鼓,内平底,底部有一圈凹弦纹,高圈足。黄白胎,胎质坚硬,釉色青中泛黄,有细小开片。施釉较厚较均匀,内外施满釉,釉不及足底。外壁饰有蕉叶纹和沿口一圈波浪纹,以及拉坯留下来的横纹(图3-1:10)。

Bc型敞口大碗,唇口由厚变尖,器形较大,由早期敞口大碗渐变为高敛碗,腹部渐收,圈足渐高,施釉渐厚,纹饰渐丰富。

3.C型,3件,已修复

侈口碗,卷唇,深弧腹,高圈足,器形较小。多有纹饰。

(1)Ⅰ式。口沿微侈,深弧腹,腹壁较鼓,高圈足。

标本2017YPST04②a:11,口沿微侈,深弧腹,腹壁较鼓,高圈足,挖足较深。黄白胎,胎质较紧密,青灰色釉。内施满釉,外施釉不及底。器外壁饰有刻划斜线纹,在胎坯未干时,由底至沿刻划斜线,其后用釉填满划痕,釉面无光泽。口径11.1厘米、足径4.5厘米、高6.2厘米(图3-1:11)。

(2)Ⅱ式。口沿微侈较甚,口沿比Ⅰ式略卷,深弧腹,腹壁较Ⅰ式渐收,圈足渐高,挖足较深。外壁多饰有折扇纹、波浪纹,内饰团菊纹、卷草纹等。

标本 2017YPST010②a:07,侈口,卷唇,腹壁较弧,高圈足,足墙较厚。

黄白胎,胎质紧密,釉色青中泛黄,呈玻璃质感,有细小开片。内外施满釉,器底不施釉。外壁饰有刻划线纹。

标本 2017YPST01①:33,侈口,卷唇,腹壁较弧,高圈足。黄白胎,胎质坚硬,青灰釉。内外满釉,器底不施釉。器内饰有刻划卷草纹,外腹壁饰有鱼鳞纹。口径 11.1 厘米、足径4.5 厘米、高 6.2 厘米(图 3-1:12)。

C 型侈口碗,口沿微卷,口沿渐侈,腹壁由早期较鼓发展为略弧,圈足渐高,施釉渐厚,早期釉色多青灰色,晚期多青黄色。

式 \ 型/亚型	A 型	B 型			C 型
		Ba	Bb	Bc	
I 式	1	4	6	8	11
II 式	2	5	7	9	12
III 式	3			10	

图 3-1　水头窑碗类型式图

1.标本 2017YPST03②a:9　　2.标本 2017YPST03②b:4　　3.标本 2017YPST02②a:14
4.标本 2017YPST03②c:3　　5.标本 2017YPST01②a:5　　6.标本 2017YPST03②b:10
7.标本 2017YPST01①:4　　　8.标本 2017YPST02②c:32　　9.标本 2017YPST04②b:2
10.标本 2017YPST03①:11　　11.标本 2017YPST04②a:11　12.标本 2017YPST01①:33
资料来源:水头窑址出土器物资料,2017 年。

(二)盘

22 件,盘的数量较多,仅次于碗,但保存状况较差,完整器和已修复的有 20 余件。根据口沿形状和腹壁形状可以分为三型。

1.A 型,4 件,已修复

葵口盘,敞口,斜弧腹,圈足。根据腹壁形态特征可以分为两式。

(1)I 式。葵口盘,敞口,腹壁斜弧,矮圈足,腹壁与底部连接处不是很明显。

标本 2017YPST03①:1,葵口,敞口,弧腹近斜直,胎体较厚,器壁上薄下厚,矮圈足,挖足较浅。黄白胎,胎质较粗,青黄釉,内施满釉,器外施釉不及底。口径 13.8 厘米、足径 7.2厘米、高 4.9 厘米。

标本 2017YPST01②c：3，葵口，敞口，腹壁略弧近斜直，腹较浅，胎体较厚，矮圈足，挖足较浅，近似饼足。灰白胎，胎质较致密，青釉，内施满釉，器外施釉不及底。口径 14 厘米、足径 7.2 厘米、高 4.9 厘米（图 3-2：1）。

（2）Ⅱ式。葵口盘，腹壁近直口，斜直腹至底端折收，腹较Ⅰ式浅，内圜底近平底，器底较Ⅰ式宽平，矮圈足。

标本 2017YPST01②b：173，葵口，敞口近直，上壁斜直腹至底端折收，器底宽平，圈足，足墙较薄，挖足较深。灰白胎，胎质坚硬，釉色较青翠、青中泛绿，内外施满釉，素面，釉色透亮，无大开片。口径 15.3 厘米、足径 7.2 厘米、高 4.2 厘米（图 3-2：2）。

A 型葵口盘，腹壁由斜弧发展为折腹，腹部渐浅，器底渐平，胎质逐渐精细，施釉渐厚，渐施满釉。

2.B 型，7 件，已修复

敞口，斜弧腹，矮圈足。根据腹壁形态可以分为两式。

（1）Ⅰ式。敞口盘，斜直弧腹，腹较深，矮圈足，挖足较浅，近饼足。

标本 2017YPST03②c：7，敞口，腹壁斜直略弧，胎体厚重，器壁较厚，矮圈足，挖足较浅。黄白胎，胎质较粗，青黄釉，内施满釉，外壁施釉不及底。素面，腹壁有拉坯留下来的横纹，釉面有细小开片。口径 18.3 厘米、足径 7.3 厘米、高 5.1 厘米（图 3-2：3）。

（2）Ⅱ式。近直口，上腹壁近直至底端斜折收，下腹壁较Ⅰ式折收，矮圈足，挖足较浅。

标本 2017YPST02②b：44，尖圆唇，近直口，腹壁底端折收，矮圈足，挖足较浅。灰白胎，胎质紧密，青釉，器内满釉，器外施釉不及底。素面，外壁口沿处饰有两圈凸弦纹。口径 13.4 厘米、足径 5.5 厘米、高 2.6 厘米（图 3-2：4）。

（3）Ⅲ式。敞口，近直口，腹较Ⅱ式浅，上腹壁较直，下腹近平，器底平坦，矮圈足，挖足较Ⅱ式深。

标本 2017YPST01①：7，尖圆唇，近直口，腹壁底端折收，器底宽平，有一圈凹纹，矮圈足，足墙较薄。灰白胎，胎质致密，青白釉泛绿色，器内满釉，外施釉不及底。盘底部饰有刻划云气纹，并辅以篦划纹。口径 13.4 厘米、足径 5.5 厘米、高 2.4 厘米（图 3-2：5）。

B 型敞口盘，口沿由敞口渐收近直，器底渐平，纹饰渐丰富，矮圈足，挖足渐浅。

3.C 型，9 件，已修复

撇口盘，近斜弧腹，腹较浅，矮圈足。根据口沿特征和腹壁形态特征可分为三式。

（1）Ⅰ式。微撇口，上腹壁斜直至底端折收，腹较浅，矮圈足，足墙较直。

标本 2017YPST01②c：3，口沿微撇，芒口，腹部斜敞，腹较浅，上腹壁斜直，下腹部折收，器底较宽平，圈足较矮。灰白胎，胎质较紧密，青釉，釉层较薄，器内满釉，器外施釉不及底。素面，腹壁有拉坯时留下的横纹。口径 15.3 厘米、足径 6.4 厘米、高 5.1 厘米（图 3-2：6）。

（2）Ⅱ式。撇口，口沿平折，斜弧腹，腹壁较Ⅰ式略斜直，器底中部较凸，圈足较Ⅰ式略高，足墙较直。

标本 2017YPST01②b：21，口沿外撇较甚，近折沿，斜弧腹，器底中心略凸，圈足较高，挖足略深。灰白胎,胎质坚硬,釉色青中泛绿,制作较精细,釉色透亮,器内外施满釉。器底中心有一圈弦纹,圈内饰有涡旋纹,围绕弦纹刻划蕉叶纹,外腹壁素面。口径 16 厘米、足径6.1厘米、高 5.5 厘米(图 3-2:7)。

标本 2017YPST01②b:22,口沿外撇近折沿,上腹部圆鼓,圈足,挖足较深。砖红色胎,胎质较致密,青黄釉,内外皆施釉,足底不施釉,釉层较薄,内腹壁刻划花纹,凹处施不到釉。外腹壁素面无纹,盘内饰有刻划花团菊纹和卷草纹。口径 14 厘米、足径 6.4 厘米、高 5.3 厘米(图 3-2:8)。

(3)Ⅲ式。撇口,口沿较Ⅱ式更平折,上腹部近直,下腹壁折收,平底。圈足较Ⅱ式渐高。挖足较深,足内也施釉。器内多饰有模印卷草纹。

标本 2017YPST02①:1,撇口,口沿外折近平,上腹壁较直,下腹壁折收,盘内底平坦。圈足较高,挖足较深,足墙较窄,部分盘底足下粘有垫饼。灰白色胎,胎质坚硬,釉色青白泛灰色,内外满釉,仅足内不施釉。内腹壁印花团菊纹和卷草纹。口径 16.8 厘米、足径5.4厘米、高 3.3 厘米(图 3-2:9)。

C 型撇口盘,口沿撇口渐平折,腹壁由弧腹发展为近折腹,圈足渐高,足墙渐薄,挖足渐深。胎体由粗糙厚重发展为致密轻薄,釉层逐渐变厚,釉色有光泽。

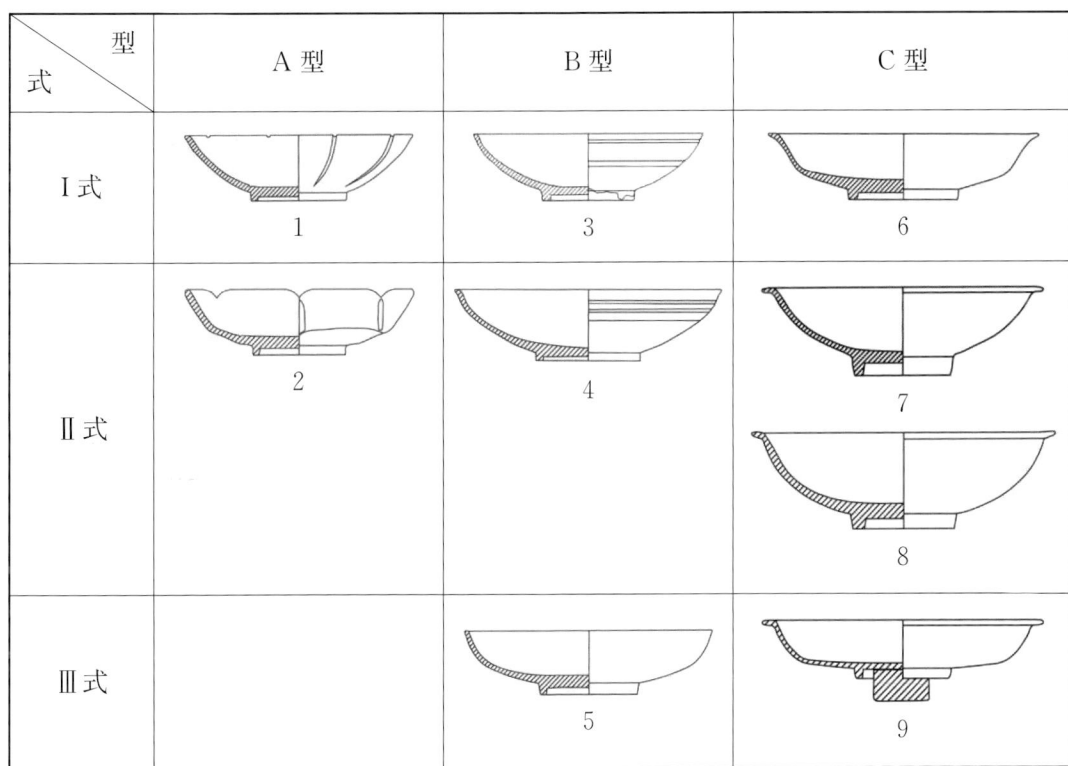

型 式	A 型	B 型	C 型
Ⅰ式	1	3	6
Ⅱ式	2	4	7 8
Ⅲ式		5	9

图 3-2　水头窑址盘类型式图

1.标本 2017YPST01②c:3　　2.标本 2017YPST01②b:173　　3.标本 2017YPST03②c:7

4.标本 2017YPST02②b:44　　5.标本 2017YPST01①:7　　6.标本 2017YPST01②c:3

7.标本 2017YPST01②b:21　　8.标本 2017YPST01②b:22　　9.标本 2017YPST02①:1

资料来源:水头窑址出土器物资料,2017 年。

(三)杯

21件,出土数量较多,皆为高脚杯。根据杯的口沿形状、足部形态,大体可以分为A、B、C三型,A型杯花口,B型杯直口圆唇,C型杯敞口。其中B型杯根据足部形态可以分为两个亚型。

1.A型,3件,已修复

花口,高足,足外敞。腹壁由圆润至弯曲呈花瓣状,足渐高。根据腹壁形态和足部形状可分为三式。

(1)Ⅰ式。敞口呈花口六瓣式,深弧腹,上腹壁较直,下腹部较宽,高圈足,足微撇。

标本2017YPST01②c:7,口沿呈花口六瓣式,敞口,深弧腹,上腹壁较直,底腹较宽,高圈足,足微撇。砖红色胎,胎质较致密,青黄釉色。施釉较厚,器内满釉,器外施釉,其中足部施釉不均匀,部分露胎。口径5.6厘米、足径2厘米、高4.7厘米(图3-3:1)。

(2)Ⅱ式。敞口呈花口六瓣式,近直口,腹壁渐收,腹壁等距离折曲呈六瓣式,上腹壁较Ⅰ式斜直,下腹部较鼓,高圈足,较Ⅰ式渐高,足外撇更甚。

标本2017YPST01②b:72,花口,近直口,腹壁渐收,底腹略鼓,腹壁等距离弯曲呈六瓣式,高圈足,足外撇。砖红色胎,胎质致密,青黄釉。内施满釉,外施釉不及底。圈足和足底不施釉,圈足内挖足如锥形。口径5.8厘米、足径2.4厘米、高5.3厘米(图3-3:2)。

(3)Ⅲ式。敞口,口沿和腹壁折曲呈六瓣花口,斜弧腹,腹壁较Ⅱ式略斜略鼓,高圈足,足较Ⅱ式渐高渐敞。

标本2017YPST01①:12,花口,敞口,腹壁斜弧,喇叭状圈足。砖红色胎,胎质较致密,施釉较厚,青白色釉,釉面开冰裂纹。器内满釉,器外施釉不及底。口径5.8厘米、足径3.5厘米、高5.2厘米(图3-3:3)。

A型花口高脚杯,腹壁由斜直渐收为近直口,腹壁底部由折收渐变为弧收,器形由开始的花瓣口发展成腹壁也呈花瓣状,圈足渐高,外撇。

2.B型,14件,已修复

圆唇高脚杯,根据圈足的形态特征可以分为两个亚型。

(1)Ba型,圆唇,近直口,弧腹,直足。根据腹壁形态可以分为三式。

Ⅰ式。圆唇,略敞口,圈足较直,上腹壁略斜直,底腹较宽平、敦厚,腹壁与底足接处不明显,圈足较矮,挖足较浅。

标本2017YPST01②c:11,圆唇,敞口,上腹壁微斜直,下腹较宽平,直足,圈足矮大。黄白色胎,胎质较致密,釉色青黄,釉层较薄,内施满釉,外壁施釉不及底,圈足和足底露胎。素面,外壁有拉坯留下的横纹。口径6厘米、足径2.8厘米、高4.1厘米(图3-3:4)。

Ⅱ式。圆唇,弧腹,腹壁渐收,腹壁底部较Ⅰ式较内收,弧度更平滑,直足,圈足较Ⅰ式略高,挖足较浅。

标本2017YPST01②b:5,圆唇,弧腹,底腹略鼓,直足,圈足较高。黄白胎,胎质紧密,青釉,施釉较厚,内施满釉,外壁施釉不及底,釉层呈玻璃质感,有细小开片。素面,外腹壁有旋削痕迹。口径5.9厘米、足径2.5厘米、高4.6厘米（图3-3:5）。

Ⅲ式。尖圆唇，圆弧腹，腹部较Ⅱ式较内收，弧度更小，底腹较凹，直足，圈足较Ⅱ式更高，器形比Ⅱ式小巧，挖足较深。

标本2017YPST01②a:182，尖圆唇，圆弧腹，弧度较鼓，高直足。砖红色胎，胎质较致密，釉色青中泛白，有细小开片，呈冰裂纹。内外施满釉，足底不施釉。口径5.8厘米、足径2.3厘米、高4.9厘米（图3-3:6）。

Ba型圈足杯，圆唇，弧腹，杯身由敦厚渐变为圆鼓，圈足较直，渐高，挖足渐深，早期近饼足，施釉渐厚。

（2）Bb型，圆唇口，近直口，弧腹，圈足，底足外撇。根据圈足形态可以分为三式。

Ⅰ式。圆唇口，部分器物唇口较厚，弧腹，上腹壁近直口，底腹较宽厚，器物整体形态敦实，圈足较矮，底足微撇，挖足较浅。

标本2017YPST01②c:12，圆唇，近直口，深弧腹，底腹敦实，圈足微撇，足较矮较大。砖红色胎，胎质紧密，青黄釉，釉层较薄。内施满釉，外壁施釉不及底。素面，腹壁有旋削痕迹。口径4.8厘米、足径2.3厘米、高3.3厘米（图3-3:7）。

标本2017YPST01②c:70，圆唇，近直口，深弧腹，底部敦实，圈足较矮，底部外撇。灰白色胎，胎质坚硬，青釉，釉层较薄。内施满釉，外壁施釉不及底。素面，腹壁有旋削痕迹。口径4.9厘米、足径2.3厘米、高3.4厘米。

Ⅱ式。圆唇，敞口，弧腹，上腹壁较Ⅰ式渐外敞，腹较Ⅰ式浅，底腹圆滑，高圈足，底足较Ⅰ式渐高外撇，挖足较深。

标本2017YPST01②b:10，圆唇，微敞口，深弧腹，腹底较圆鼓，高圈足，圈足较高，挖足较深，底足外撇。灰白色胎，胎质紧密，青釉。内施满釉，外壁施釉不及底。釉层较薄，有芒口。素面，腹壁有旋削痕迹。口径4.7厘米、足径2.2厘米、高3.5厘米（图3-3:8）。

标本2017YPST01②b:18，厚圆唇，敞口，口沿有一圈酱色，腹壁弧鼓，深弧腹，高圈足，足外撇。砖红色胎，胎质较紧密，釉色青红泛绿，施釉较厚，内施满釉，外施釉不及底，有细小开片。素面。口径4.6厘米、足径2.3厘米、高3.4厘米。

Ⅲ式。厚圆唇，口近直，深弧腹，腹部较圆鼓，杯身比Ⅱ式更高更小，喇叭状高圈足，圈足比Ⅱ式更高，足内挖呈锥形。

标本2017YPST01②a:16，厚圆唇，近直口，深弧腹，上腹壁近直，底腹圆滑。高圈足，挖足较深，底足外撇。灰白胎，胎质坚硬，青釉瓷。施釉较厚，内外施满釉。腹壁饰有篦划竖线纹。口径4.5厘米、足径2.1厘米、高3.8厘米。

标本2017YPST01②a:6，厚圆唇，近直口，腹较深，喇叭状高圈足。灰白胎，胎质坚硬，釉色青中泛黄。内外施满釉，施釉较厚，有开片，釉色透亮呈玻璃感。腹壁近口沿处和近圈足处分别饰有两圈弦纹，中间刻划折扇纹（图3-3:9）。

Bb型高圈足杯，腹壁逐渐由敦实发展为高瘦型，圈足渐高，足墙逐渐外撇，施釉渐厚，纹饰渐丰富。

3.C 型,2件

敞口,腹壁近斜直,腹较深,高圈足。根据足部可以分为两式。

(1)Ⅰ式,敞口,腹壁近斜直,高圈足,挖足较深。

标本 2017YPST01②b:78,尖圆唇,圆弧腹,腹部较浅,高直足。黄白胎,胎质致密,釉色青中泛黄,有开片,呈冰裂纹。内外施满釉,足底不施釉。口径 5.9 厘米、足径 2.3 厘米、高 4.8 厘米(图 3-3:10)。

(2)Ⅱ式,敞口,腹渐深,足渐撇,其外壁多饰有成组的篦划纹。

标本 2017YPST01①:19,圆唇口,敞口,腹较深,喇叭状圈足。腹壁斜直,圈足外撇。口沿下饰一周凹弦纹,外腹壁饰篦线纹。灰白胎,青白釉泛灰色。口径 5.8 厘米、足径 2.4 厘米、高4.7厘米(图 3-3:11)。

型/亚型 式	A 型	B 型		C 型
		Ba	Bb	
Ⅰ式	1	4	7	10
Ⅱ式	2	5	8	11
Ⅲ式	3	6	9	

图 3-3　水头窑址杯类型式图

1.标本 2017YPST01②c:7　　2.标本 2017YPST01②b:72　　3.标本 2017YPST01①:12
4.标本 2017YPST01②c:11　　5.标本 2017YPST01②b:5　　6.标本 2017YPST01②a:182
7.标本 2017YPST01②c:12　　8.标本 2017YPST01②b:10　　9.标本 2017YPST01②a:6
10.标本 2017YPST01②b:78　　11.标本 2017YPST01①:19

资料来源:水头窑址出土器物资料,2017 年。

(四)碟

3 件。数量少,器型较单一,完整器保留的较少。折沿,弧腹,高圈足。根据腹壁特征的变化可分为两式。

(1)Ⅰ式。撇口,折沿,腹壁折弧,上腹壁近直,下腹壁折收,腹较深,圈足。

标本 2017YPST01②a:8,撇口,口沿平折,腹壁较深,上腹壁近直,下腹壁折收,内底较凹,高圈足。黄白胎,胎质较致密,未施釉,露胎。器内饰有刻划团菊纹和卷草纹。口径 10 厘米、足径 4.1 厘米、高 3.1 厘米(图 3-4:1)。

(2)Ⅱ式。撇口,折沿,腹较Ⅰ式浅,近直腹,平底,圈足。

标本 2017YPST01①:9,撇口,折沿,直腹,腹较浅,底部平坦,圈足,挖足较深。白胎,胎质坚硬,青白釉,施釉较厚,内外满釉。器内底和内腹壁饰有模印团菊纹和卷草纹。口径 10 厘米、足径 4.1 厘米、高 3.3 厘米(图 3-4:2)。

(五)炉

炉类器出土残片较多,完整器和可修复器物较少,但根据采集的器物标本残件可以得知炉的造型较丰富,撇口,深腹,炉身和底座分两部分制作,现根据炉的炉体变化和底座变化将其分为两型。

1.A 型,2 件

器形较小,根据炉身和底座变化,可分为两式。

(1)Ⅰ式。撇口,深弧腹,腹壁斜敞,炉体较小,底座较瘦高呈三棱形。砖红色胎,底腹刻划牡丹纹。

标本 2017YPST04②c:8,撇口,平折沿,腹壁斜弧,腹部较深,底座为三棱阶梯式圆座,底座足墙外撇。下腹部刻划有牡丹纹。灰黄胎,胎质较紧密,青灰色釉,釉层较薄,部分地方露胎,器内和底足内不施釉。口径 10.2 厘米、底径 5.4 厘米、高 9.3 厘米(图 3-4:3)。

(2)Ⅱ式。炉体较Ⅰ式高大,底座较Ⅰ式粗壮,腹壁内收,腹部较Ⅰ式更深。

标本 2017YPST03②b:23,撇口,口沿平折,深腹炉体,腹壁较直,近直口,内底较平,下承两棱阶梯状圆底座,足墙外敞。上腹部饰蕉叶纹中间填以篦划纹,下腹部饰简莲瓣纹。灰白胎,青灰釉,施釉较厚,外满釉,器内和底足内不施釉。口径 11.5 厘米、底径 7.5 厘米、高10.5厘米(图 3-4:4)。

2.B 型,2 件

没有完整器,根据炉体的大小和纹饰方式可分为两式。

(1)Ⅰ式。炉体较高大,底座更高,足沿外撇,器身为半浮雕莲花瓣纹。

标本 2017YPST04②a:46,口沿残。弧腹壁,内底较平,器身刻出半浮雕的莲花瓣纹,高足与炉底以圆鼓或圆饼形物相接而成,多边形凸棱的底座。灰黄胎,青灰釉。底径 10 厘米、残高 11.7 厘米(图 3-4:5)。

(2)Ⅱ式。炉体较Ⅰ式愈发宽大,炉体和炉身分开制作,器身为半浮雕莲瓣纹。

标本 2017YPST03①:24,底座残,仅剩炉体部分。唇口,深腹炉体,腹壁较直,外腹壁雕双层覆莲瓣纹。灰白胎,青灰釉,釉面开冰裂纹。口径 12.7 厘米、底径 7.9 厘米、残高 11 厘米(图 3-4:6)。

此外,还有部分炉的底座残件,形制特别。一种是器形较大的圆筒形底座,上部分残缺,足壁弧鼓呈半圆状,底座外壁剔刻单层覆莲瓣纹,近底部有两圈凸弦纹,足沿外折,青灰色胎,青绿色釉,釉色呈湖水绿色。一种是器形较小的圆筒形底座,上部分残缺,底座外壁刻划覆折扇纹,青灰色胎,青釉。

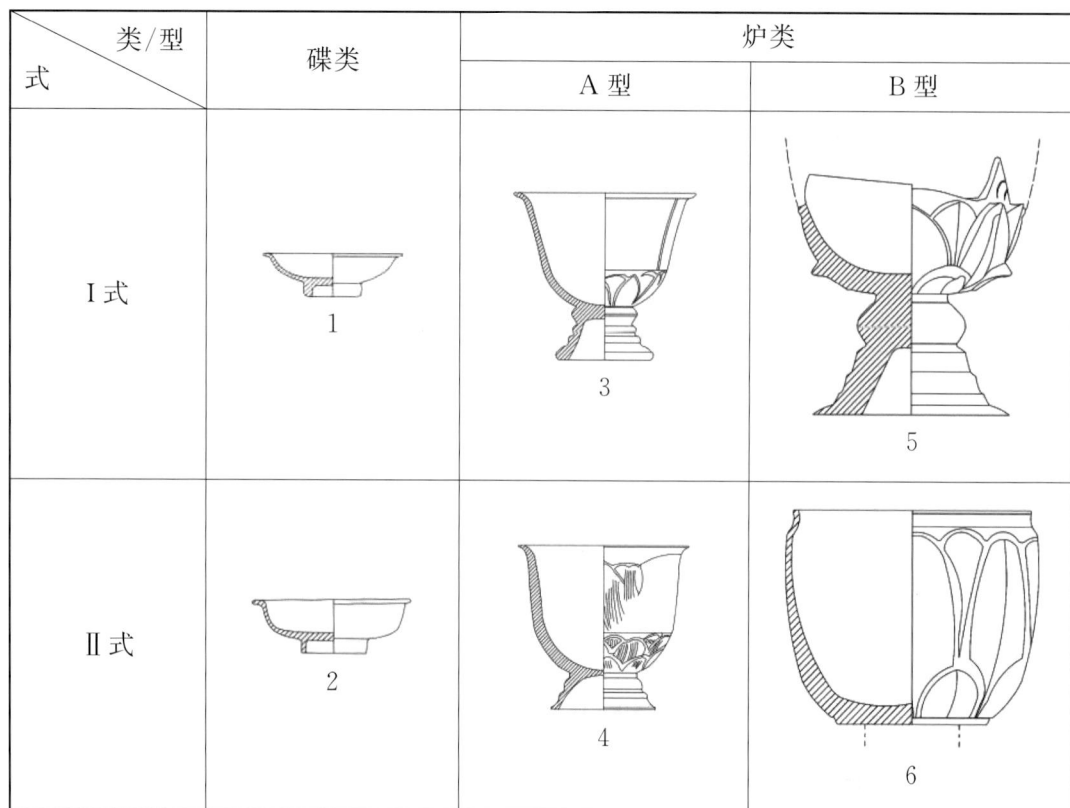

式 ＼ 类/型	碟类	炉类	
		A 型	B 型
I 式	1	3	5
II 式	2	4	6

图 3-4　水头窑址碟类、炉类型式图

1.标本 2017YPST01②a:8　　　2.标本 2017YPST01①:9　　　3.标本 2017YPST04②c:8
4.标本 2017YPST03②b:23　　5.标本 2017YPST04②a:46　　6.标本 2017YPST03①:24
资料来源:水头窑址出土器物资料,2017 年。

(六)其他产品

除了上述产品之外,水头窑址还出土了执壶、盒盖和罐盖等产品类型。

盒盖有两型,一种是器盖印七道竖弦线,呈瓜棱形,盖顶粘连一个瓜蒂,饰有刻划蕉叶纹,青白色釉。另一种盖顶平坦,素面无纹,釉色青灰。罐盖有一型,子母口,器盖面呈六瓣瓜棱状,盖顶隆弧,中部置茎梗钮,盖沿上折,砖红色胎,釉色青白泛绿。

执壶出土残片较多,可修复 1 件。

标本 2017YPST10①:66,已复原。口沿微侈,喇叭状颈,颈较长。广溜肩,肩以下渐弧收,一侧置流,对应的肩颈处置执柄。灰白胎,青色釉。口径 9.4 厘米、底径 8.7 厘米、高 25 厘米。

二、窑具

窑具是指在瓷器烧造过程中于窑炉内辅助装烧使用的工具,水头窑址堆积区有大量的窑具堆积,出土的窑具主要有匣具、垫烧具以及支烧具。

(一)匣具

窑址中堆积区东部偏西有大量的窑具堆积,经过出土整理的有匣钵和垫钵覆烧两类。

匣钵　出土较多,可分为两型。

A 型。漏斗形匣钵,直口,形同漏斗,斜腹,小平底,粗砂陶。上部和下部的高度相当。器形大小不一,与烧造的瓷器类型相关。部分表面有自然棕色釉。口径 10～30 厘米、高 8～15 厘米(图 3-5:1)。

B 型。圆筒形匣钵,直口、平底,高筒,粗砂陶,器形较大。一般装烧器形较大的瓷器,如壶类、罐类。除用以装烧大件器物外,有些用作漏斗形匣钵的底座。部分表面有自然棕色釉。口径 15～32 厘米、高 25～40 厘米(图 3-5:2)。

垫钵　1 件。器形较小。呈平底、内凹,垫钵口大底小,底部有一小孔,淡黄色胎,瓷土胎,胎质细腻。底径 12 厘米,口径 20 厘米。

(二)间隔具

窑址出土的间隔具主要有垫饼、垫圈两类。

垫饼　用泥团压成圆饼状,粗砂陶,灰白胎或灰红胎,大小不一,直径 3.5～6 厘米(图 3-5:3)。

垫圈　用泥条圈呈圆环状再加压平,粗砂陶,因烧造器形不同,高矮大小不一,直径 3～6 厘米(图 3-5:4)。

(三)垫烧具

支座出土较多,可分为两型。

A 型　圆筒形,高身,束腰,实心,顶底皆平,高 5～13 厘米(图 3-5:5)。

B 型　喇叭形,上端平而小,下端呈喇叭状中空,高 5～10 厘米(图 3-5:6)。

(四)其他窑具

窑撑　2 件。支撑窑具之用,多为窑工烧造时随机捏制而成,部分呈钉子状,底部较大,直径约 4.5 厘米。

(五)轴顶帽

轴顶帽　1 件。陶车旋轮上的一个重要部件,呈多棱矮柱形,内部挖空圆锥形状,瓷土胎,凹面施釉,制作较规整。底径 8 厘米,高 8.5 厘米(图 3-5:7)。

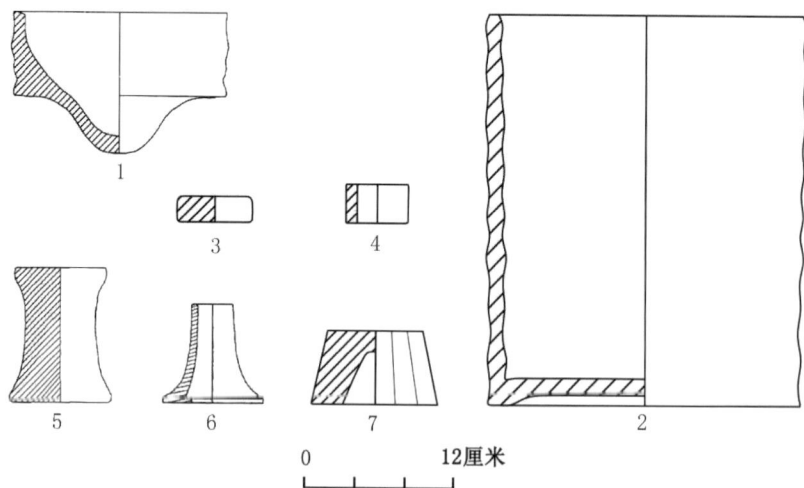

图 3-5　水头窑窑具型式图

1.A 型漏斗形匣钵　　　2.B 型筒形匣钵　　　3.垫饼　　　4.垫圈

5.A 型圆筒形支座　　　6.B 型喇叭形支座　　　7.轴顶帽

资料来源：水头窑址出土器物资料，2017 年。

第二节　产品分期与年代推断

通过前文对出土遗物的排比、整理、分析，根据水头窑址的地层情况和出土遗物器型特征的不同，将水头窑址的出土遗物分为三期，归纳各期特征以窥水头窑址的器物发展演变情况。

表 3-1　水头窑址出土器物分类分期表

期 \ 类	碗	盘	杯	碟	炉
第一期	AⅠ、BaⅠ、BcⅠ	BⅠ、BⅡ、CⅠ	AⅠ、BaⅠ、BbⅠ		AⅠ
第二期	AⅡ、AⅢ、BaⅡ、BbⅠ、BcⅡ、CⅠ	AⅠ、AⅡ、CⅡ	AⅡ、BaⅡ、BbⅡ、CⅠ	Ⅰ	AⅡ、BⅠ
第三期	BaⅡ、BbⅡ、BcⅢ、CⅡ	BⅢ、CⅢ	AⅢ、BaⅢ、BbⅢ、CⅡ	Ⅱ	BⅡ

如上表所示，从第一期至第三期，可代表水头窑从烧造初始阶段到中期兴盛再到废烧的三个阶段。各期的器物从总体上来看，初始阶段烧造的器物较为粗糙，至第三期制作水平逐渐提高。根据出土器物的器型来看，第二期、第三期皆出现了很多前期未有的新器型，可能是市场消费风向的改变所带来的变化。

因水头窑址未见于历史文献记载，且在考古发掘中没有出土可靠的纪年材料，所以根据上表出土器物的型式分期结果，结合地层情况，归纳三期器物的典型特征，以此推断各期年代。

第一期，主要集中在②c 地层。窑口烧造的初始阶段，出土遗物数量不多，以青瓷为主，少量青白瓷，以及少量窑具残片。青瓷釉色主要是青绿色、青灰色以及青黄色，青白瓷釉色主要是白中发黄。胎质多为砖红色粗胎、灰白胎,胎质略疏松粗糙,有夹砂和气孔。产品种类以生活器具碗、盘、杯为主,形状普遍敦实,胎体厚重,矮圈足,挖足较浅,整体造型重心较低。施釉不均匀,釉层较薄,多数器物施釉不及底,器物多素面,表面有拉坯留下来的旋痕,瓷器的制作工艺尚粗糙。

器物种类较少,其中碗类产品最多,尖圆唇、斜直腹、近饼足的斗笠碗为这一时期的最大特色。此外葵口碗也占有一定的比例,口沿外撇,刻有数个缺口形成葵口,腹壁近竖直,底部折收,器物形体较敦实。花口杯以及直口杯也与葵口碗类相似,或在口沿处折曲呈花瓣状,腹壁近直,底部折收,部分盘类产品除口沿处呈花口状,在胎体腹壁也压印几道凹痕类似花瓣状,底胎厚重,矮圈足,器型制作也尚不成熟。

其中 BaⅠ式斗笠碗与景德镇湖田窑二期后段的 B 型斗笠碗器型相似[①],皆腹壁斜直,饼足浅挖,而饼足斗笠碗为北宋中期的流行款式(图3-6:3、4)。AⅠ式葵口碗与景德镇湖田窑二期后段北宋早中期的 B 型Ⅱ式墩式花口碗器型相似[②],这种高圈足、厚唇、底部敦实的花口碗为北宋中期的流行风格(图3-6:1、2)。BcⅠ式大敞口碗与北宋早中期的风格相似,相较于五代的厚唇口,此时的唇口为一道窄边,渐为线口(图3-1:8)。[③] A 型花口盘与景德镇湖田窑址二期前段北宋早中期的 CⅠ式青白釉仰烧盘器型相似(图4-1:1、2)[①]。它们在器型、纹饰上具有相似性,大致可确定为同一时期,据此推断,水头窑址一期的烧造年代可能为北宋早中期至北宋中期,水头窑址的创烧阶段应接近于北宋中期。

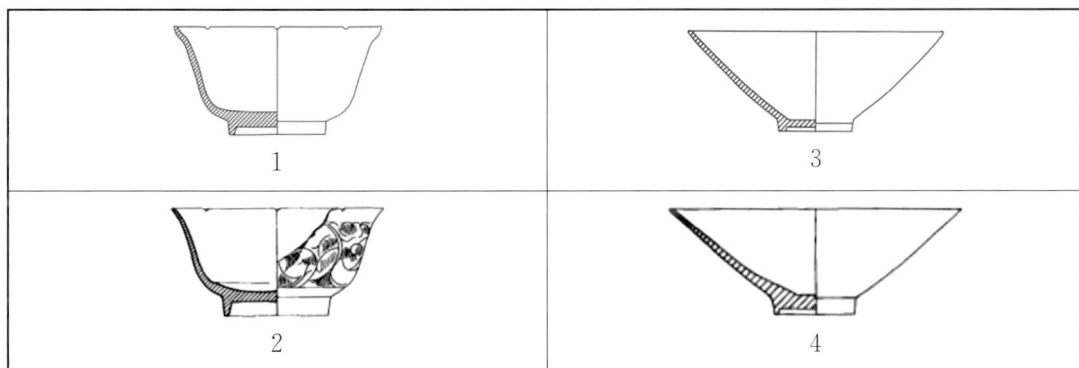

图3-6 水头窑与景德镇湖田窑器物对比图

1.水头窑址 AI葵口碗:标本 2017YPST03②a:9   2.景德镇湖田窑 BⅡ青白釉墩式碗:标本 97D·H16:16:4

3.水头窑址 Ba 斗笠碗:标本 2017YPST03②c:3   4.景德镇湖田窑 B 型青白釉斗笠碗:93Ⅰ:6

资料来源:江西省文物考古研究所《景德镇湖田窑址(1988—1999 年考古发掘报告)》,北京:文物出版社,2007 年,第 72~88 页。

---

① 江西省文物考古研究所:《景德镇湖田窑址(1988—1999 年考古发掘报告)》,北京:文物出版社,2007 年,第 88 页。

② 江西省文物考古研究所:《景德镇湖田窑址(1988—1999 年考古发掘报告)》,北京:文物出版社,2007 年,第 72 页。

③ 刘新园:《景德镇湖田窑各期典型碗类的造型特征及其成因考》,《文物》1980 年第 11 期。

④ 江西省文物考古研究所:《景德镇湖田窑址(1988—1999 年考古发掘报告)》,北京:文物出版社,2007 年,第 114 页。

第二期,主要集中在②b地层。窑口烧造的兴盛期,出土数量最多,以青瓷为主,青白瓷增加,并出土大量的匣钵、垫饼等窑具。青瓷釉色主要是青中泛绿、青灰色以及闷青色,青白瓷釉色主要是青中泛白、青白泛黄。陶胎多白胎、黄白胎、灰白胎以及少量的砖红色胎,胎质较致密,夹杂少量细砂。产品种类也仍以生活器具为主,如碗、盘、杯、碟、炉、盒等,整体形状较一期时重心上移,腹壁由折腹变为圆弧腹,挖足渐深。施釉较厚,大部分器物内外满釉,部分器物釉面有细小开片,呈玻璃质感,制作水平较有提升。纹饰渐丰富,多刻划蕉叶纹、莲瓣纹、团菊纹、卷草纹、云气纹以及篦划纹等。

器物种类较上期丰富,其中碗类产品仍为大宗,葵口碗、斗笠碗继续生产,但形体趋高趋瘦。葵口碗口沿渐外撇,腹壁弧鼓,圈足渐高。葵口碗多饰有蕉叶纹,有纹饰的皆施釉渐厚,釉面有玻璃质感。斗笠碗较一期时腹壁斜直,腹较浅,挖足渐深。新增Bb型敞口碗,厚圆唇,深腹,腹壁斜弧,底部敦厚,矮圈足,外腹壁刻划三层莲瓣纹。BcⅡ式较Ⅰ式更高,口径更大,口沿处有一圈凹痕,同时纹饰也多饰有蕉叶纹,施釉较薄,有脱釉现象。盘以CⅢ式撇口蕉叶纹盘为典型,内圆底,内底心饰轮旋弦纹一道,腹壁刻划蕉叶纹,施釉较厚,釉面有光泽,有细小开片。此外,花口盘也极有特色,腹壁刻划成花瓣状,腹壁近直,底部折收近平,内平底,内腹底有一圈凹弦。新增器物碟,多青白釉,釉色青白中泛绿,折沿,斜弧腹,底部近平,高圈足,内底和腹壁饰有刻划团菊纹和卷草纹。炉以刻剔莲瓣纹为特色,器体较大,炉身为半浮雕莲花瓣,炉座为一圆鼓状凸棱和多边形凸棱的底座。施釉技术和拉坯技术较一期多有进步,器型更丰富。

其中AⅡ式葵口碗与龙泉东区北宋末期的大白岸窑址群的葵口小碗Ⅰ式器型相似(图3-7:1、4)[1],AⅢ式葵口碗与龙泉东区南宋初期的大白岸窑址群的葵口小碗Ⅱ式器型相似[2](图4-1:3、4),BaⅡ式折扇纹斗笠碗与景德镇湖田窑址北宋末期的AbⅢ式折扇纹斗笠碗器型相似(图3-7:2、5)[3],BaⅡ式的双面刻划斗笠碗与龙泉窑址的双面刻划有类似之处,且根据龙泉东区发掘简报中的推断"双面刻划青瓷类型的发生年代推定在北宋神宗和哲宗元祐(1068—1093年)期间",即北宋晚期至南宋早期。[4] BⅢ式敞口圈足盘与景德镇湖田窑址北宋中晚期Ab型青白釉仰烧盘器型相似(图4-1:5、6)[5],CⅡ式蕉叶纹盘与潮州笔架山窑北宋末期的Ⅰ式蕉叶纹圈足盘器型(图3-7:7、8)相同[6],BⅡ式炉与北宋末期的潮州笔架山窑Ⅲ式有座炉器型相似[7],B型莲瓣炉与景德镇湖田窑址AbⅠ式有座莲瓣炉器

① 浙江省文物考古研究所:《龙泉东区窑址发掘报告》,北京:文物出版社,2005年,第173页。

② 浙江省文物考古研究所:《龙泉东区窑址发掘报告》,北京:文物出版社,2005年,第158页。

③ 江西省文物考古研究所:《景德镇湖田窑址(1988—1999年考古发掘报告)》,北京:文物出版社,2007年,第87页。

④ 浙江省文物考古研究所:《龙泉东区窑址发掘报告》,北京:文物出版社,2005年,第394页。

⑤ 江西省文物考古研究所:《景德镇湖田窑址(1988—1999年考古发掘报告)》,北京:文物出版社,2007年,第111页。

⑥ 广东省博物馆编:《潮州笔架山宋代窑址发掘报告》,北京:文物出版社,1981年,第14页。

⑦ 广东省博物馆编:《潮州笔架山宋代窑址发掘报告》,北京:文物出版社,1981年,第16页。

型相似[①]并与潮州笔架山窑Ⅶ式炉器型相似(图4-1:7、8),AⅡ式花口杯与南平市延平区邹玱区宋墓出土的B型花口杯器型(图3-7:3、6)相似[②],其年代推断为北宋中晚期到南宋早期。他们在造型、纹饰上具有相似性,大致可确定为同一时期。据此推断,水头窑址二期的烧造时间相当于北宋中后期到南宋初期。

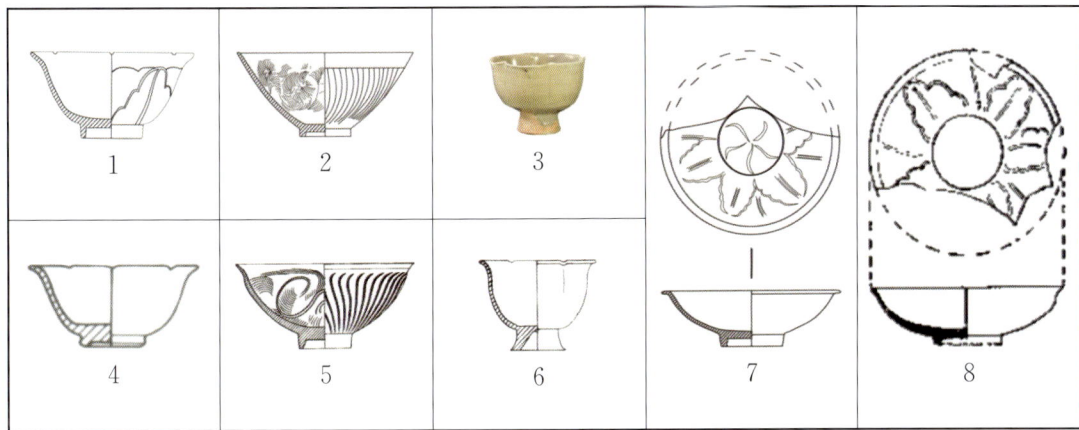

图3-7　水头窑与龙泉窑、湖田窑、潮州笔架山窑器物对比图

1.水头窑址 AⅡ葵口碗:标本 2017YPST03②b:4　　2.水头窑址 BaⅡ斗笠碗:标本 2017YPST01②a:5
3.水头窑址 AⅡ花口杯:标本 2017YPST01②b:72　4.龙泉窑址仰烧Ⅰ式葵口小碗:标本 BY24y5 底③:4
5.景德镇湖田窑 AbⅢ式青白斗笠碗:标本 95A·采:46　6.南平市延平区邹玱区宋墓出土的 B 型花口杯
7.水头窑址 CⅡ撇口盘:标本 2017YPST01②b:21　　8.潮州笔架山窑 Ⅰ式圈足盘
　　　　资料来源:水头窑址出土器物标本,其他见页下注。

　　第三期,主要集中在②a地层和扰动层①层。窑口烧造的晚期,堆积较厚,出土数量较多。以青瓷为主,青白瓷次之。青瓷主要是青泛黄、青中泛灰白、青中泛酱黄,新增青白瓷呈现为青中泛绿白、青白泛绿。器型仍以生活器具为主,如碗、盘、杯、碟、炉、盒等整体形制趋小、高挑,圈足渐高,挖足渐深。施釉较均匀,多内外满釉,圈足内足墙也施釉,部分釉面有开片,釉色莹润有光泽,制作水平达到高峰。晚期多数碗饰有双面刻划纹,因其形似折扇,故又称折扇纹,盘有模印纹饰,纹饰多蕉叶纹、莲瓣纹、团菊纹、卷草纹、云气纹等。

　　器物种类与上期相似,继续烧造斗笠碗,腹壁斜直,圈足较高,挖足较深,部分有双面刻划纹,釉色有青釉,青中泛黄,也有青白釉,釉色粉青、青中闪白,施釉较厚,釉面有光泽。新增 C 型侈口碗,较其他器型形体较小,口部微侈,外腹壁饰有刻划折扇纹、水波纹。BcⅢ式碗较Ⅱ式渐高,尖唇,施釉较厚,釉色青中泛黄,饰有蕉叶纹,蕉叶较Ⅱ式略窄。窑炉内出土青泛酱黄的青釉碗为多数,多饰有双面刻划纹。盘以 CⅢ式为典型器物,折沿,平底,内底有模印团菊纹和卷草纹,釉色多青灰色、青白色,内外满釉,足墙内也施满釉。杯以 BbⅢ式喇叭足为特色,圆弧鼓,外腹壁刻划折扇纹、篦线纹等,釉色青绿,青泛黄。这一时

① 江西省文物考古研究所:《景德镇湖田窑址(1988—1999 年考古发掘报告)》,北京:文物出版社,2007年,第 209 页。
② 陈明忠、王世亮:《南平市延平区邹玱村宋墓清理简报》,《福建文博》2018 年第 4 期,第 4 页。

期产品种类丰富,烧造技术趋于成熟。

　　一般瓷窑址中,窑炉内的堆积应是窑炉废弃后所形成的。因此,窑炉内底层匣钵内的器物属该窑的最后产品,对该窑口的废弃年代有重要的断代意义[①]。水头窑址窑炉Y1[②]层包含物有青瓷、青白瓷,器型有折扇纹碗、莲瓣纹碗、水波纹碗、浮雕莲瓣炉、杯、碟、执壶等。其中窑炉内出土的CⅠ式、CⅡ式折扇纹侈口碗与同安窑青瓷深形碗器型相似[②],且与南宋漳浦竹树山窑的青釉划花碗器型相似[③],以及与龙泉东区南宋早期至南宋中期的大白岸窑址群一型Ⅲ式刻划碗器型相似[④]。BbⅡ式莲瓣纹碗与龙泉青瓷南宋中期的半浮雕式莲瓣纹纹饰风格相似。[⑤] Bb型Ⅲ式杯与南宋漳浦竹树山窑青釉高脚杯器型相似。[⑥] 同时这一时期的纹饰如卷草花卉纹、水波纹、篦划纹以及"猫搔"纹和南宋早期的布瑞克沉船出土的器物纹饰风格相似。[⑦] 根据它们的造型、纹饰的相似性,大致可确定其为同一时期。因此,大致可以推定水头窑址三期的烧造年代大概为南宋初期到南宋早中期,其中Y1、Y2应废烧于南宋早中期。此外,在窑址发掘前期的踏查过程中,曾采集到元代时期流行的屈肢小鹿纹残片,在后期发掘中未见,故可能不属于Y1、Y2所生产,但是否属于水头窑址生产,有待进一步的发掘研究。

　　综合目前有关资料,可推断水头窑址应始烧于北宋中期,其中发掘区可能废烧于南宋早中期,从大的范围来看,水头窑的烧造史可能延续至南宋末期或元代。

第三节　水头窑的窑业技术特征

一、窑炉

　　本次发掘共发现2座窑炉遗迹,一号窑:2017YPSY1、二号窑:2017YPSY2,均为斜坡式龙窑。2017YPSY2位于发掘区T07内,由于火膛和窑炉前段、窑炉尾部均已被破坏,目前仅存窑床中部一段,残长7.8米、宽2.8～3.2米、残高0.3米。故此处仅对窑炉2017YPSY1做重点介绍(图3-8)。

　　2017YPSY1位于发掘区T06和T10内。窑炉整体呈长条形,依山而建,坐南朝北,窑

① 浙江省文物考古研究所:《龙泉东区窑址发掘报告》,北京:文物出版社,2005年。
② 李辉炳:《福建省同安窑调查纪略》,《文物》1974年第11期,第80～84页。
③ 叶文程主编,王文径著:《中国福建古陶瓷标本大系·漳浦窑》,福州:福建美术出版社,2005年。
④ 浙江省文物考古研究所:《龙泉东区窑址发掘报告》,北京:文物出版社,2005年,第211页。
⑤ 任世龙:《龙泉青瓷的类型与分期试论》,《中国考古学会第三次年会论文集　1980》,北京:文物出版社,1982年。
⑥ 叶文程主编,王文径著:《中国福建古陶瓷标本大系·漳浦窑》,福州:福建美术出版社,2005年。
⑦ 李永歌:《布瑞克沉船出水的福建陶瓷》,《中国港口》2016第S1期,第1～7页。

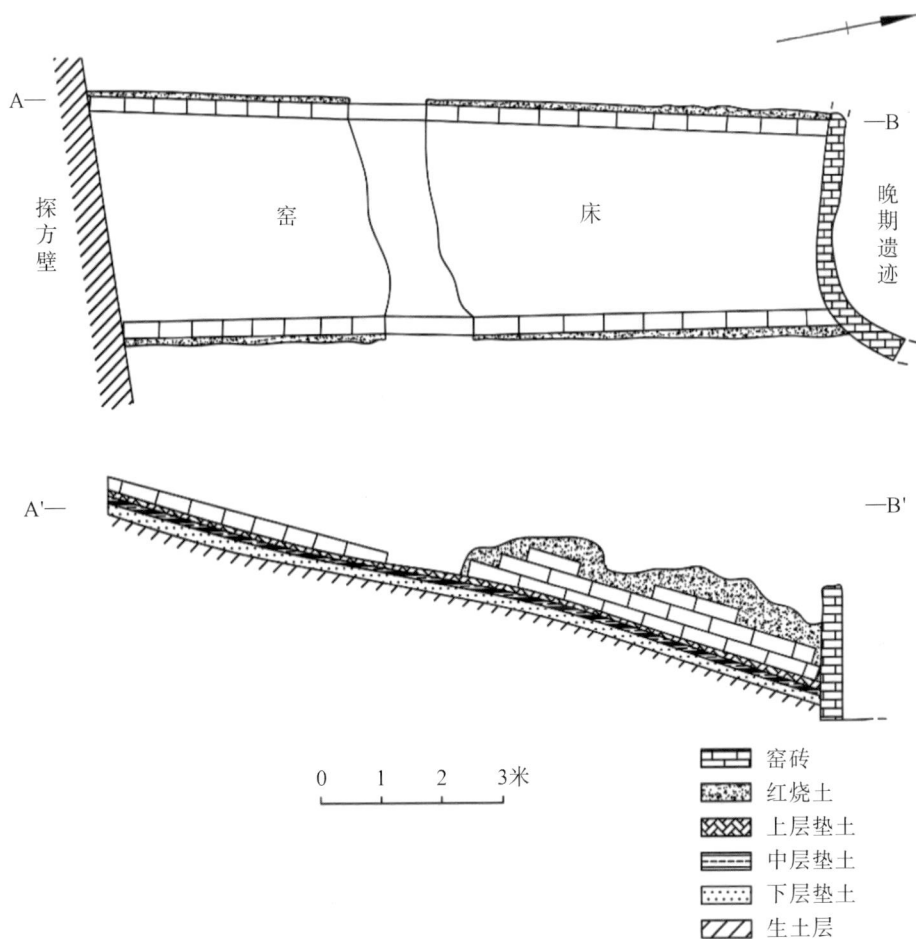

图 3-8　水头窑窑炉 2017YPSY1 平剖面图

资料来源：水头窑址发掘资料，2017 年。

头方向北偏东 15°。火膛和窑炉前段被近现代农耕活动破坏，窑炉尾部位于高速公路征地范围以外，暂未发掘，故目前仅发掘窑床中部一段。推测由窑前工作室、火门、火膛、窑床、排烟室几部分组成。

窑床中部呈长条形，截面呈凹型，水平长 10.1 米、斜长 11.7 米、宽 2.7～3.1 米、残高 0.3～0.5 米。

窑壁：东西两窑壁沿倾斜的山体挖进用砖顺向错缝平铺叠砌而成，窑壁厚 0.2～0.3 米，靠山体一侧空隙处填有烧土，厚约 0.1～0.15 米。窑壁内倾，朝窑室的一面有经高温长期烧烤成的厚烧结面，厚约 0.05 米。在清理过程中未见窑门痕迹，窑门的设置情况不详。

窑顶：已坍塌不存，高度不明，根据内倾的窑壁推测窑顶应是拱形，根据坍塌下的长方形窑砖和楔形窑砖可推测窑墙大约在距窑底 1.5～2 米处起券。

窑底：窑床底部倾斜，坡度 15°，地表下挖凹槽经过多次铺平修整，后段窑床有规整排列的匣钵窝，横向每排为 8 个，间距相等。经过解剖发现窑底结构分三层，上层由大量的匣钵碎片和小砾石混黏土夯实而成,厚 0.1 米;中层用细砂黏土铺垫而成,厚 0.1 米;下层是灰黄色砂黏土,为初期窑床底部的垫土,内有少量的瓷片、匣钵碎片和小砾石等,厚 0.05～0.12 米。

窑炉 2017YPSY1、2017YPSY2 的结构、形状、构筑工艺与附近北宋中期至南宋中期的漳浦罗宛井窑已发掘的窑炉 Y1、Y2①,北宋至南宋的厦门后溪碗窑发掘窑炉 Y1②,同安汀溪窑已发掘的两座龙窑③,北宋时期的潮州笔架山窑已发掘的五号窑类似④。皆是依山而建的斜坡式龙窑,未发现挡火墙,故皆是平焰式龙窑,窑炉构造简单,窑头起于较平缓的山脚下,窑尾延至山顶,为典型的两宋时期的窑炉结构。

北宋初期,闽南地区的龙窑多沿袭晚唐五代的越窑风格,其后延续发展,并无大的改变,至南宋中晚期基本相似,皆为依山而建的斜坡式龙窑。⑤ 水头窑址发掘出土的两座窑炉均为依山而建的斜坡式龙窑,形制简单,Y1 的窑头、Y2 的窑头和窑尾被破坏,仅部分窑床和窑壁残存。根据窑床内地层的解剖来看,窑床底层垫有细砂以及匣钵碎片,此做法源于东汉时期的越窑,为了防止装烧的器物被流动的热气冲倒,或抬高窑床防止器物无法放平,而在窑底铺一层厚约 10 厘米的细砂。此后大部分斜坡式龙窑皆采用此方法,如北宋晚期漳浦罗宛井窑 Y1、Y2 窑底都有铺设一层细砂,同时夹杂着匣钵碎片,南宋汀溪窑 Y1、Y2 窑炉底部垫沙,厚约 8 厘米,以及远至潮州的笔架山窑六号窑窑底铺沙层,厚 0.05～0.12 米,内含少量木炭末和小块烧土。在窑壁的构建上,水头窑址主要采用长方形土坯红砖顺向错缝平铺叠砌窑墙,窑顶已坍塌,形状不明,但根据残留的长方形土坯砖和楔形砖推测,应是使用楔形砖结合长方形土坯砖券顶。而同期的漳浦罗宛井窑址、厦门后溪碗窑也有发现楔形砖、长方形砖券顶或砌窑墙。⑥

一般来说,一座窑炉可使用时间较长(少则数十年,多则近百年),窑炉的长度以及窑具的使用都影响着窑场的产量。水头窑址残存的窑床仅十多米。但周边窑口窑炉的长度可大致作为参考,主要有漳浦罗宛井窑 Y1 斜长 103.5 米、Y2 残长 60 米,厦门后溪碗窑 Y1 残长 59.8 米,厦门汀溪窑 Y1、Y2 残长均约 50 米,武夷山遇林亭窑址 Y1 斜长 73.2 米、Y2 斜长 113.1 米,东山磁窑的 8 座窑基,每条残长约 30 米,漳浦赤土窑根据地面堆积判断,9

① 福建省博物馆:《漳浦罗宛井窑抢救发掘的主要收获》,《福建文博》2001 年第 2 期。
② 福建省博物院、厦门市博物馆:《厦门集美后溪碗窑窑址发掘简报》,《福建文博》2004 年第 2 期。
③ 叶文程主编,傅宋良、林元平著:《中国古陶瓷标本·福建汀溪窑》,广州:岭南美术出版社,2002 年。
④ 广东省博物馆编:《潮州笔架山宋代窑址发掘报告》,北京:文物出版社,1981 年。
⑤ 孟原召:《闽南地区宋至清代制瓷手工业遗存》,北京:文物出版社,2017 年。
⑥ 福建省博物馆:《漳浦罗宛井窑抢救发掘的主要收获》,《福建文博》2001 年第 2 期;叶文程主编,傅宋良、林元平著:《中国古陶瓷标本·福建汀溪窑》,广州:岭南美术出版社,2002 年;广东省博物馆编:《潮州笔架山宋代窑址发掘报告》,北京:文物出版社,1981 年;福建省博物院、厦门市博物馆:《厦门集美后溪碗窑窑址发掘简报》,《福建文博》2004 年第 2 期。

座窑床残长约为 20～40 米。^① 所以就目前发掘、调查得出的北宋至南宋时期保存状况较好的窑炉长度来看,基本处于 50 米左右至 100 米左右不等。平焰斜坡窑在同样的坡度下,窑炉的长度越长,升高越多,抽力越大,能够加速瓷器的烧成速度,提高窑的产量。^② 水头窑址位于闽南地区的沿海区域,与周边漳浦罗宛井窑、北旗窑、赤土窑、厦门汀溪窑、后溪碗窑、东山磁窑等几个著名窑场相距甚近,皆处于环九龙江港口的辐射范围,并且在窑炉结构、叠砌方法和形制上共有相同的因素,所以可以推测水头窑址的窑炉长度应与两宋时期此区域的诸多窑场窑炉长度相近。

二、窑具

水头窑址堆积区和窑炉烧造区均发现大量窑具,其中堆积区的窑具遗物以匣钵为主,夹杂大量垫饼。出土器物也多黏有垫饼。根据出土器物情况和堆积地层情况来看,第一期,垫烧具以泥条垫圈为主,一般制作较随意,无固定器形,以泥条圈捏制而成,置于器物圈足下以做间隔,防止器物与匣钵的粘连。由于初期烧造器物的种类较少,故匣钵种类也不多。以漏斗形匣钵为主,采用一器一钵仰烧法。第二期仍以仰烧为主,垫烧具以垫饼为主,因器物圈足变高,垫饼较前期有变厚趋势。匣钵仍以漏斗形匣钵为主,同时因器物种类的丰富,增加了筒形匣钵,用以装烧大件器物,或用以支烧大件器物。第三期,根据此期出土器物粘连的垫饼可见,垫烧具仍以垫饼为主,同时根据窑床内的规整排列的匣钵窝和匣钵内留存的器物来看,此期匣具仍使用匣钵,且有出土青瓷碗黏在匣钵外部,可知此期为一器一钵叠钵仰烧。此外,还出土一件垫钵,但是没有发现较多的芒口器,故可能并未大量采用覆烧法。

三、胎釉及成型工艺

云霄县境内有丰富的胎土资源,宋元时期闽南地区的窑址一般都是就地取材,但各时期淘洗工艺的粗细差别导致胎质略有差别。根据前文的器物类型学分期和发掘地层包含物情况可以看出:

第一期中胎色大致有砖红色、淡黄色、白色、灰白色等,其中砖红色胎骨较疏松、粗糙,夹杂细砂且有气孔。胎体上薄下厚,底部厚度更甚。这一时期主要采用轮制法,多数素面器物腹壁可见拉坯留下来的旋坯痕,器物足较浅,挖足草率。此期葵口碗的葵缺是在制胎过程中在未风干的胎骨上以由口沿外部向内推压印几道竖痕形成葵口效果,仅口沿"出

① 福建省博物馆:《漳浦罗宛井窑抢救发掘的主要收获》,《福建文博》2001 年第 2 期;叶文程主编,傅宋良、林元平著《中国古陶瓷标本·福建汀溪窑》,广州:岭南美术出版社,2002 年;福建省博物院、厦门市博物馆:《厦门集美后溪碗窑窑址发掘简报》,《福建文博》2004 年第 2 期;福建省博物馆:《武夷山遇林亭窑址发掘报告》,《福建文博》2000 年第 2 期;栗建安:《宋元时期漳州地区的瓷业》,《福建文博》2001 年第 1 期。

② 刘振群:《窑炉的改进和古陶瓷发展的关系》,《华南工学院学报》1978 年第 3 期。

筋"。且部分器物沿袭五代风格,为防止器物口沿变形而专门制作厚唇口或口沿处印数道弦纹。这一期尚处于窑址烧造初期,釉色多青釉,有青黄釉、青灰釉、青绿釉等多种色调,青白釉较少,且呈现青白泛黄色。施釉普遍较薄且不均匀,口沿和圈足部分露胎而口沿下多积釉,同一器物色调较统一,釉面无光泽感。

第二期中胎色多为浅砖红色、淡黄色、白色以及灰白色。碗类几乎不见砖红色胎,杯类、盘类有少量砖红色、浅砖红色胎。胎质较致密坚硬,偶有夹砂。胎体较前期更薄,挖足更甚,足墙较薄,上厚下薄。这一时期仍是使用轮制法,部分素面器物表面可见少量的旋坯痕,部分器盖钮和执壶鋬由手捏制而成。此期的器物成型规整,器物表面线条较流畅。葵口碗的葵口仍沿袭早期的口沿"出筋",而花口杯由仅口沿出筋发展为器身也由外壁向内印几道凹痕,形成器身"出筋"。而纹饰的制作主要以刻划花为主,刻划纹如"折扇纹"线条较宽,线条之间分布不平均。第二期处于窑址烧造兴盛期,釉色仍以青瓷为主,少量青白瓷,但青白瓷较一期时有所增加。青釉色调有青绿釉,泛灰色玻璃质感、青中泛黄、粉青、青绿、青中泛酱黄。青白釉可分为青白中泛黄、青白中泛灰,与景德镇青白瓷青白釉相差较大。施釉较厚,部分器物呈玻璃质感,有细小开片呈冰裂纹状。

第三期中的胎色多为淡黄色、白色、灰白色,几乎不见砖红色和淡砖红色。胎骨也愈发坚硬、精细。胎体整体较前期更薄,器足也更规整,足墙上下厚度均匀。纹饰的制作开始出现模印,如 C 型盘盘内的团菊纹和卷草纹,折扇纹相较于前期刻划得更加精细,密度均匀,呈现精巧娟秀的风格。此期为窑址烧造末期,仍以青瓷为主,青白瓷次之。青瓷釉色可分为青泛黄、青绿泛灰、青绿呈湖水绿。青白瓷釉色可分为粉青泛白、青白泛灰,釉色与龙泉青白釉相似。施釉较均匀,釉层细腻,釉色均匀,开片较少,呈玻璃质感,釉色莹润。器物多内外均施釉,部分器物足墙内也施釉。

胎质影响釉色的呈现情况,根据胎釉结合情况可看出烧造工艺。第一期,部分器物口沿有脱釉现象,因胎质较粗,胎釉结合情况较差,釉色较暗淡。部分器物胎色较深也影响釉色的呈现,如砖红色胎所呈现的鹅青黄釉则泛红。第二期,胎釉结合情况较好,胎质细腻且施釉较厚,釉面有光泽,但因釉层较厚,有细小开片。第三期,胎釉结合情况较好,胎质更加细腻,施釉较前期薄一些,釉面呈玻璃质感,开片较少。此期的出土器物基本无脱釉现象。综合来看,各期器型皆有青釉和青白釉,不因纹饰、器型有所差别。

四、器型与纹饰

水头窑址的瓷器,以生活器具为大宗,造型较为简单,以葵口碗、斗笠碗、"珠光青瓷"碗为典型特色。素面为主,但也有相当一部分器物装饰有花纹,且装饰手法多样,纹样内容较丰富。在装饰手法上,水头窑主要采用胎骨装饰,刻花、划花、堆塑、模印并存。刻花、划花多是结合使用,多以半刀泥手法刻出大体纹饰,再细部填以箆划纹,细腻生动。装饰的纹样有三类:一是外壁刻划折扇纹,内腹壁刻划花叶纹或卷草纹、团菊纹、牡丹纹;二是外壁刻划折线纹或蕉叶纹、莲瓣纹,内腹壁素面;三是外壁素面,内腹壁或底部刻划蕉叶纹、卷草纹、花卉纹等。而堆塑、模印主要为瓜果形盒、子母盒、香炉这类器物。纹饰较丰富的器物多见于青黄釉、青中泛黄釉、青灰釉碗类产品,外壁刻划折扇纹,内壁刻划卷草纹的"珠光青瓷",也是该窑的主要产品,一般多见于二期、三期的 Ba 型斗笠碗、C 型侈口碗。这类"珠光青瓷"碗多在碗底心刻印一个中心图案,内容有涡轮形、团菊、小朵牡丹等。碗内壁多刻划卷草纹、牡丹花叶纹、羽状花叶纹等。三期的部分盘类、碟类,内底较平,采用印花装饰,以团菊为中心,辅以卷草纹。此外,在窑址发掘前期的踏查过程中,有采集到元代时期流行的屈肢小鹿纹残片,在后期发掘中未见,故是否属于水头窑址生产,有待进一步调查研究。

第四章 水头窑址出土器物的
文化因素分析

我国古代陶瓷的外销,自东汉起有陆运"丝绸之路",至唐代开始有海上"陶瓷之路"。[①]
随着五代战乱割据的结束,入宋以后,北宋政府开始积极推动对外贸易,福建泉州港开始
崛起,泉州位于福建东南沿海,于江海交汇处,有优良的海港,与内地水陆交通十分便利,
并于元祐二年(1087年)在泉州设立市舶司,泉州港成为官方认定的对外贸易港口。[②] 因
泉州港的兴起,龙泉青瓷和景德镇青白瓷大量从泉州港转运出口运销海外,这刺激了福建
沿海地区瓷窑的兴起,给闽南地区陶瓷生产带来了技术和市场的支持。[③] 为迎合大量的海
外市场需求,北宋中期,闽南地区众多窑场兴烧出口海外的畅销瓷器。闽南地区包括现在
的泉州、漳州、厦门的各市、县,是古代盛产陶瓷的重要产区。[④] 一般认为在北宋中期之
前,福建地区的窑场主要受越窑影响,北宋晚期以后,福建地区的窑场受龙泉窑影响强
烈,考古调查和发掘的结果显示,北宋至南宋时期,福建地区的窑场也受景德镇窑的
影响。[⑤]

经过前文的梳理和总结,基本可以确定水头窑址兴烧于北宋中晚期,水头窑址距离海
港仅数十公里,且临近漳江,可通过漳江直接汇入东山湾,交通便利,地处漳州港、厦门港
的辐射范围。因此在生产过程中,无论是制瓷工具方面窑炉,还是窑具的使用或是制瓷工
艺方面轮制、刻划、浮雕的运用,抑或是器物造型、纹饰方面皆深受时代和市场的影响,蕴
含诸多文化因素。窑炉、窑具的结构形制在前文已探讨,本章主要从瓷器的器型、纹饰方
面讨论其蕴涵的文化因素,以此探讨外销瓷器的畅销风格。

---

① 叶文程:《福建陶瓷外销的港口、航线和地区》,《东方收藏》2010年第11期,第25~29页。
② 叶文程:《福建陶瓷外销的港口、航线和地区》,《东方收藏》2010年第11期,第25~29页。
③ 李知宴、陈鹏:《宋元时期泉州港的陶瓷输出》,《海交史研究》1984年第0期,第39~48页。
④ 厦门市博物馆:《闽南古陶瓷研究》,福州:福建美术出版社,2002年。
⑤ 刘净贤:《福建仿龙泉青瓷及其外销状况初探》,《故宫博物院院刊》2013年第5期。

第一节　水头窑址出土器物中的景德镇、龙泉窑文化因素

一、水头窑中的景德镇窑文化因素

景德镇窑系自北宋早期创烧至南宋兴盛,一直延续到明代,是宋元时期内外驰名的重要窑场之一,在中国东南沿海地区的外销瓷中,景德镇青白瓷也占有一席之地。景德镇青白瓷,又称影青、映青或隐青,因其釉色青中泛白、白中透青而极具特色。北宋早期,景德镇青白瓷器物形制仍带有五代风格,部分器物浑圆、宽矮圈足。装烧工艺主要以匣钵垫饼为主,部分留有支钉叠烧痕迹。北宋中晚期,景德镇青白瓷器物造型秀美精巧,足渐变高变小。装饰以刻划花为主,印花开始流行。南宋早中期沿袭北宋中晚期的风格。[①] 目前学界一致认为宋代福建地区瓷窑均受到了景德镇青白瓷的影响,其中最为兴盛的是北宋时期的德化青白瓷,闽北地区的浦城大口窑、邵武四都窑等,以及著名的建阳建窑也兼烧青白瓷。受景德镇窑的市场影响,福建地区在器物的造型、纹饰上也多加效仿,但限于工艺的影响,釉色多青白泛灰、青白泛黄,地方色彩较为浓厚,形成了自身发展特色。[②] 水头窑址中的青白瓷以及部分青瓷在器型、纹饰上与景德镇窑青白瓷风格类似。

水头窑址在创烧初期时产品种类较少,以生活器具为主,其中碗、盘、杯为多,其他器物较少发现。碗类中第一期的AⅠ式花口碗与景德镇湖田窑二期后段的BⅡ式墩式碗风格类似(图 3-6:1、2),皆腹壁近直,底部弧鼓,口沿处相似,皆花口"出筋",素面居多。其中景德镇湖田窑二期青白釉墩式碗、花口碗胎质细腻,釉色青白泛土黄,少量青白泛绿,一些青白泛绿的器物,表面光泽度较差。但水头窑的AⅠ式花口碗处于窑址创烧期,胎质尚不精细,釉色多青灰色,少量青白泛绿,表面光泽度都较差,且口沿处多有脱釉现象,外口沿下多有积釉。BaⅠ式、Ⅱ式斗笠碗与景德镇湖田窑三期前段的B型青白釉斗笠碗、Ab型Ⅲ式斗笠碗在器型方面风格一致,内底心下凹,浅圈足或者饼足浅挖。景德镇湖田窑的斗笠碗部分口沿有小缺口,多饰有刻划莲荷纹、刻划菊花纹、模印牡丹纹等,白胎,釉色多青白釉、青白釉泛灰色、青白釉泛灰绿色等。而水头窑的BaⅠ式斗笠碗多为青灰胎,釉色多青白泛绿、青绿釉、青白色泛灰,釉色较景德镇湖田窑的青中泛白的莹润感有所差距,甚至有些可归为青瓷类,器物表面多为素面,少量双面刻划纹。盘类以AⅠ式花口盘与景德镇湖田窑二期后段的CⅠ式青白釉圈足盘风格相似(图 4-1:1、2),花口,外壁"出筋",腹壁斜弧微折,圈足宽矮,宽足浅挖,厚胎。景德镇湖田窑的圈足盘,为灰白胎,青白釉泛灰色,而水头窑的AⅠ式花口盘多砖红色胎,青绿色釉、青灰色釉以及青白泛黄色釉。水头窑二期

---

① 陈雨前:《宋代景德镇青白瓷的历史分期及其特征》,《中国陶瓷》2007 年第 6 期,第 63～68 页。

② 叶文程、林忠干:《福建陶瓷》,福州:福建人民出版社,1993 年,第 206～215 页。

图 4-1　水头窑址和景德镇湖田窑、龙泉窑、笔架山窑器物对比图

1.景德镇湖田窑 C 型青白釉圈足盘:97D・H1:37 2.水头窑址 2017YPST01②c:3
3.龙泉东区碗坆山窑址Ⅱ式葵口小碗:BY24T3③:3 4.水头窑址 2017YPST02②a:14
5.景德镇湖田窑 Ab 型青白釉圈足盘:96B・T4③A:43 6.水头窑址 2017YPST01①:7
7.景德镇湖田窑 Ab 型Ⅰ式青白釉有座炉:96:49 8.潮州笔架山窑Ⅶ式莲花炉
资料来源:水头窑址出土器物标本,其他见页下注。

器物种类较为丰富,新增了盒、罐、碟、执壶、香炉等。其中以 AⅡ 式花口杯与景德镇湖田窑二期后段的 BⅡ 式花口杯风格相似,外腹壁压印六道凹印,圈足较高。景德镇 BⅡ 式花口杯为灰白胎,釉色青白泛灰色,釉面有小开片,呈冰裂纹状,圈足饰有弦纹(图 4-2:7、8)。而水头窑的 AⅡ 式花口杯多为砖红色胎,青黄色釉,圈足底部微外敞。水头窑三期的 BⅢ式敞口盘与景德镇湖田窑二期后段、三期的 Ab 型圈足盘器型、纹饰上相似,口微敛,腹壁上部较直,多饰有牡丹纹、云气纹等,并辅以篦划纹(图4-1:5、6)。但景德镇湖田窑的Ab型圈足盘,圈足较宽矮,白胎,青白釉泛绿色。水头窑三期的BⅢ式敞口盘的圈足较高,足墙较窄,白胎,青绿色釉泛白。[①]

根据出土器物中匣钵以及夹带的垫饼可知水头窑在一期、二期多使用的是匣钵垫饼仰烧法,景德镇湖田窑在烧造二期的仰烧墩式碗,三期斗笠碗、圈足盘等器物时也多为仰烧。从器物造型上来看,水头窑址在一期、二期甚至三期的生活器具中都带有景德镇青白瓷的风格,在早期尚不成熟时,多仿其器型,纹饰较少。到中后期兴盛时,也吸收了景德镇青白瓷的纹饰风格,如牡丹纹、蕉叶纹、缠枝花卉纹等。但水头窑出土的器物在釉色上与景德镇青白瓷相差较远,尤其早期碗、盘类相似器型,多以青釉方式呈现。至晚期时虽施釉水平提高,但釉色也多青白泛绿、青白泛灰。由此可见,水头窑的产品种类较单一,多烧造景德镇湖田窑中比较盛行的碗、盘、杯、碟之类生活器具,器型、纹饰也是较为简单的,在质量和釉色上不如景德镇青白瓷。

二、水头窑中的龙泉窑文化因素

北宋早期,龙泉窑青瓷是在越窑的影响下创烧的,于南宋初期兴盛,至南宋中期鼎盛。龙泉青瓷位于浙南地区,毗邻闽北,初期由温州港出口外销,北宋中晚期大批量转向泉州港出口外销,故福建地区受到了龙泉青瓷的强烈影响。在新中国成立初期的考古调查中把福建青瓷称为福建"土龙泉"(即浙江龙泉青瓷的仿制品,"土龙泉"说法由1956年陈万里先生和冯先铭先生在考察同安汀溪水库后提出)。[②] 其中福建地区仿龙泉窑器物以"外刻复线,内饰划花篦划纹"青黄瓷较多,并经过后期的发展形成了自身的窑业特色。水头窑址作为北宋中期后兴起的窑场,无论是窑业技术还是造型纹饰,都深受龙泉青瓷的影响。

水头窑址在窑业技术方面较为简单,目前发掘的窑炉两座皆为斜坡式龙窑,窑具主要以匣钵垫饼为主,有少量的支座和垫钵,与龙泉窑早中期较为相似。在器物造型和纹饰方面与龙泉窑多有相似。水头窑的出土器物中碗类以二期的AⅡ、AⅢ式葵口碗(图4-1:4)与龙泉东区的碗坂山窑址二段、三段的Ⅰ式、Ⅱ式葵口小碗(图3-7:4,图4-1:3)造型相似,皆是早期斜弧腹,腹壁略圆鼓,口沿外撇,至晚期时上腹壁斜直,下腹壁折收。其中龙泉窑青瓷葵口小碗胎体较厚,釉色青黄色,而水头窑葵口碗釉色青绿,晚期釉色青白泛黄。Bb型敞口碗与龙泉东区碗坂山窑址的第三段的三型Ⅱ式碗造型、纹饰相似,口沿微敛,深弧腹,矮圈足,挖足较浅,且皆饰有莲瓣纹。但龙泉窑青瓷三型碗在刻划莲瓣纹上线条简约,而水头窑的Bb型敞口碗的莲瓣纹,莲瓣宽厚,莲瓣内饰篦划纹(图4-2:1、2)。此外,水头窑中典型器物BaⅡ式折扇纹碗以及双面刻划纹碗与龙泉东区金钟湾窑址二段、三段的一

① 江西省文物考古研究所:《景德镇湖田窑址(1988—1999年考古发掘报告)》,北京:文物出版社,2007年。
② 陈万里、冯先铭:《故宫博物院十年来对古窑址的调查》,《故宫博物院院刊》1960年,总第2期。

图 4-2　水头窑址和龙泉窑、景德镇湖田窑器物对比图

1.龙泉东区大白岸窑址群三型Ⅱ式碗:BY24T5④:10　　2.水头窑址 BbⅠ式碗:标本 2017YPST03②b:10

3、4.龙泉东区金钟湾窑址一型Ⅱ式碗:BY22 下:7、BY22T1　5、6.龙泉东区金钟湾窑址:BY22T1:7

7.景德镇湖田窑仰烧 BⅡ式杯:97D·T5②:8　　8.水头窑址 AⅡ式花口杯:标本 2017YPST01②b:72

　　资料来源:水头窑址出土器物标本,其他见页下注。

型Ⅱ式、Ⅲ式在器物造型和纹饰方面较为相似,小圈足,内底心圆凹或饰有团菊纹(或漩涡纹),内腹壁饰卷草纹和缠枝花卉纹,器外为刻划竖线纹。但龙泉窑青瓷一型碗,口沿处微敛,釉色多青绿色,刻划纹线条较深,长短不一(图4-2:3~6)。而水头窑折扇纹碗器型有敞口、侈口卷沿等,釉色青中泛黄,外腹壁刻划线条较为纤细,密度适中,形似折扇,比龙泉窑一型碗刻划纹饰刻划得更为细腻。[①] BbⅡ式莲瓣纹碗与龙泉青瓷南宋中期的半浮雕式莲瓣纹风格相似。总之,水头窑中二期、三期的碗类深受龙泉青瓷的影响,其中最突出的特色是青黄瓷,釉色青中泛黄,较龙泉青瓷中的青黄瓷釉色更透明,有玻璃质感,大部分饰有刻划纹、蕉叶纹或莲瓣纹。

第二节　水头窑址出土器物中的共性文化因素

一、同安窑系

关于同安窑系的研究繁多,目前学界多数认为同安窑系是指"宋元时期,受龙泉窑传统工艺技术影响或仿龙泉青瓷,在福建地区烧造的,以同安窑为代表且具有地方特色的青瓷窑系"[②]。但是部分学者认为,因多数窑场除了烧造青瓷外,还兼烧青白瓷、黑釉瓷等,所以应将其拥有共同烧造的青瓷类型——即器内划花篦点、器外刻划线条纹,釉色青中泛黄的"珠光青瓷",称为汀溪类型。[③] 拥有此类型风格的窑场众多,福建省内约有25处窑址,沿海地区较为密集,闽北山区也有数座。水头窑址位于沿海地区,周边的窑口分别有漳浦罗宛井窑址、北旗窑、竹树山窑,以及南安南坑格仔口窑、英山窑、蓝溪寮仔窑,东山磁窑,厦门汀溪窑、碗窑等。这些窑场皆位于沿海地区,部分临近港湾,或有河流汇入海湾。水运交通便利,便于窑业技术和市场方向的交流、借鉴。水头窑出土的器物中大部分都带有同安窑系或汀溪类型的早期风格,主要是二、三期兴盛时期的器物,与闽南沿海地区甚至闽北地区的器型相似。

叶文程和林忠干先生于《福建陶瓷》一书中总结了同安窑系青瓷产品的花纹装饰基本特征,一类是器内外双面刻划花,器内多卷草加篦纹或是莲荷篦纹,卷草或莲瓣之间往往有团菊纹,作菊花怒放状,器外多饰有直线纹,一种是斜线条均匀排列,犹如展开的折扇,又称折扇纹,一种是由成组的三、四条直线,分散于器壁,线条有齐长和齐短或长短相间的,犹如猫爪抓搔的痕迹,又称"猫搔"纹。二类是器内单面刻划花,多见于盘、碟、洗等。

---

① 浙江省文物考古研究所:《龙泉东区窑址发掘报告》,北京:文物出版社,2005年。

② 林忠干、张文崟:《同安窑系青瓷的初步研究》,《东南文化》1990年第5期,第391~397页。

③ 栗建安:《福建仿龙泉青瓷的几个问题》,《东方博物》1999年第3辑,第81页。

三类是器外壁单面刻划花,纹饰主要是莲瓣纹。四是器里单面印花,多见于折口盘、弧腹碗等。[1]

  水头窑二期、三期典型纹饰以双面刻划纹、折扇纹、缠枝花卉纹为特色,并且釉色青中泛黄,釉色清透,呈玻璃质感。与同安窑系的"珠光青瓷"在釉色和纹饰上有诸多相似之处,但折扇纹的纹饰更为细腻,且器型多为斗笠碗、侈口碗,造型娟秀,器型小巧。水头窑二期中的AⅡ式葵口碗与南安南坑格仔口窑的青白釉CⅡ式侈口碗(图4-3:1)[2]、漳浦罗宛井窑部分素面撇口碗(图4-3:2)器型风格相似,皆口沿外撇,圈足较高,外腹壁刻划蕉叶纹,蕉叶内饰有篦划纹,但南安南坑窑器内饰有缠枝花卉纹,青白色釉,罗宛井窑撇口碗,碗内刻划卷草纹、篦划纹,青灰釉,而水头窑器内多数素面无纹,多为青绿色釉,并且口沿有葵口。二期、三期中的BcⅡ、Ⅲ式敞口碗与南安蓝溪寮仔窑DⅡ、Ⅲ式敞口碗(图4-3:3)器型风格相似,皆饰有蕉叶纹,尖唇、深弧腹,器形较大,圈足较高,但南安南坑窑器内饰有牡丹纹,蕉叶纹随器形变大、蕉叶变宽,青白色釉,水头窑蕉叶纹碗器内多素面,器外蕉叶纹叶顶饰有一圈波浪纹,釉色青中泛黄。[3] 三期中的BbⅢ式、CⅡ式近直口喇叭足杯与厦门后溪碗窑中的BⅠ、BⅡ式喇叭高足杯(图4-3:4)形制相似,皆为近直口或微敞口,喇叭足,足较高,杯外饰有折扇纹或"猫搔"短线纹,但后溪碗窑B型杯为青白釉泛青,水头窑BbⅢ式杯为青黄釉,釉色青中泛黄,CⅡ式杯釉色青白泛绿。此外,二期中的青白釉盒盖与厦门后溪碗窑中的Ⅱ式粉盒盖(图4-3:5、6)器型一致,盖顶呈半圆状,中心下凹,六瓣瓜棱状,刻划蕉叶纹,但后溪碗窑的盒盖为白瓷,乳白色釉,而水头窑的盒盖为青白泛绿色釉。[4] 从水头窑址出土的器物纹饰风格来看,水头窑基本符合同安窑系的纹饰风格时代发展脉络。

二、广东东南沿海地区

  闽南地区临近广东的东南沿海地区,广州是北宋政府最早设立市舶司的港口,也是当时最大的对外贸易口岸,比同期设立的明州港、杭州港更加兴盛。"虽三处置司,实只广州最盛也"[5]。广东地区在巨大的外销需求刺激下,众多烧造外销瓷的窑场如雨后春笋般兴起,其中最为突出的窑场有广州西村窑、潮州笔架山窑。[6] 当时兴盛的景德镇青白瓷多数通过广州港远销海外,于是广东地区于北宋中期开始模仿景德镇窑烧造青白釉瓷,后因北宋的灭亡,政治中心南迁,以及南宋政府对泉州港的政策支持,广州港开始衰落,周边窑口也于南宋早期开始衰落,故广东东部沿海地区的青白釉瓷部分特征与闽南地区北宋中期

① 叶文程、林忠干:《福建陶瓷》,福州:福建人民出版社,1993年,第221～227页。
② 孟原召:《闽南地区宋至清代制瓷手工业遗存研究》,北京:文物出版社,2017年,第50页。
③ 孟原召:《闽南地区宋至清代制瓷手工业遗存研究》,北京:文物出版社,2017年,第50页。
④ 福建省博物院、厦门市博物馆:《厦门集美后溪碗窑窑址发掘简报》,《福建文博》2004年第2期。
⑤ (日)桑原骘藏:《中国与阿剌伯海上交通史》中《北宋初期之三大贸易港》,转引自麦英豪、黄森章:《西村窑与宋代广州的对外贸易》,《广州研究》1982年第1期,第36页。
⑥ 麦英豪、黄森章:《西村窑与宋代广州的对外贸易》,《广州研究》1982年第1期,第34～40页。

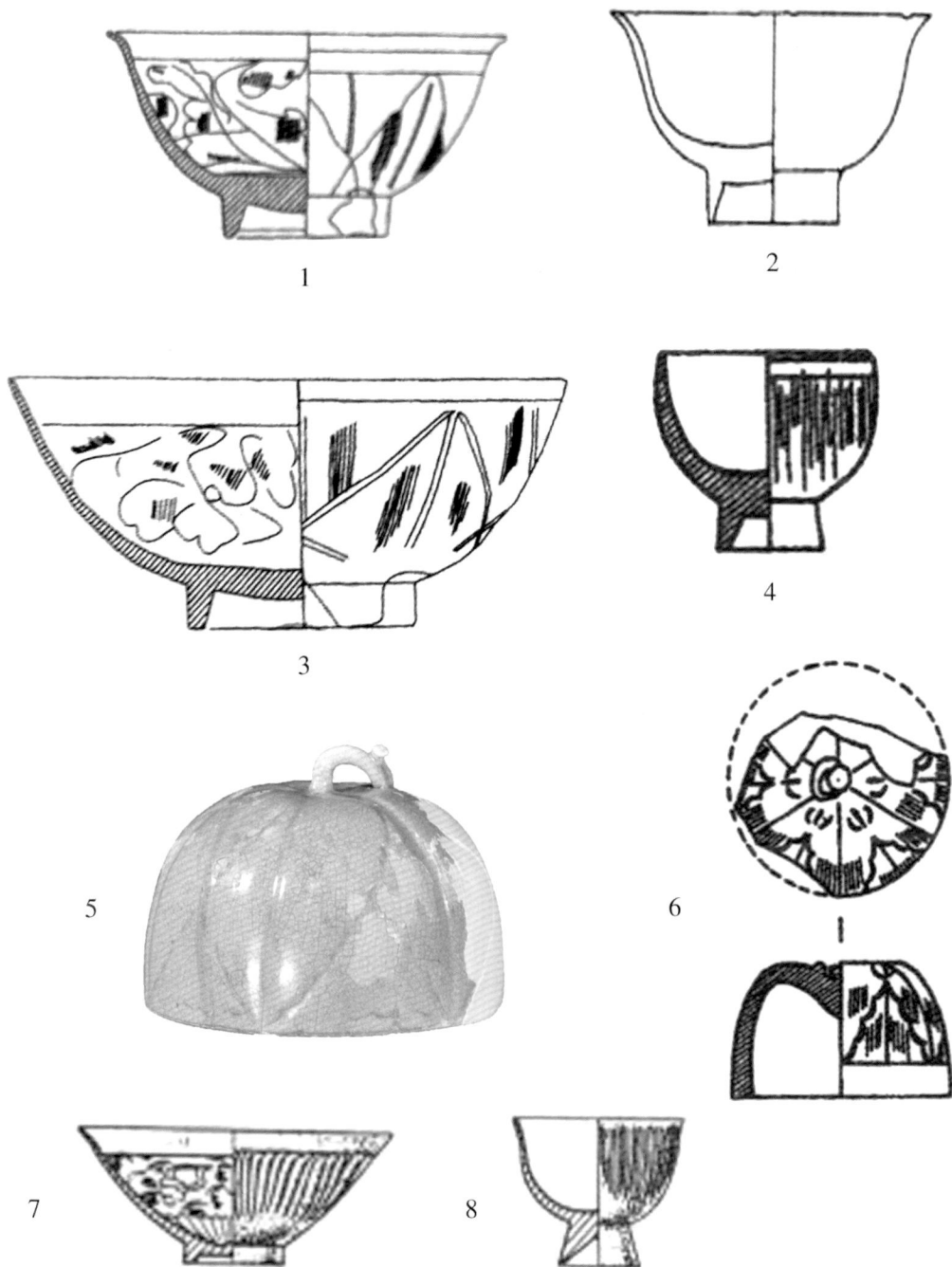

图 4-3　水头窑址和同安窑系、广东东南沿海地区窑址器物对比图

1.南安南坑格仔口窑 CⅡ式侈口碗 03NNGT04:45　　2.漳浦罗宛井窑址撇口碗

3.南安蓝溪寮仔窑 DⅢ式敞口碗:03NLLY1②:28　　4.厦门后溪碗窑 BⅡ高足杯:标本 01XHWY1:23

5.水头窑址盒盖:标本 2017YPST03②b:1　　6.厦门后溪碗窑Ⅱ式粉盒盖:标本 01XHWY1:38

7.广州西村窑Ⅰ型③式盏　　8.广州西村窑Ⅰ型②式杯

　　资料来源:水头窑址出土器物标本,其他见页下注。

及北宋末期烧造的青白釉瓷形制相似。即与水头窑址的二期、三期早阶段的器物有相似的风格。

　　水头窑址二期烧造的典型器物 A Ⅱ 式折扇纹斗笠碗与广州西村窑 Ⅰ 型③式盏(水头窑将此类型的盏归类于碗类中)器物特征相似(图 4-3:7)①,皆呈斗笠状,斜直腹,外壁刻划菊瓣纹或折扇纹,内刻划流云纹或卷草纹,底心刻团菊纹。水头窑 C Ⅱ 式青白釉杯与广州西村窑 Ⅰ 型②式杯(图 4-3:8),在器型和纹饰上较为一致,皆敞口,喇叭足,外壁饰篦划线条纹②,这是北宋末期至南宋早期纹饰风格。水头窑 C Ⅱ 式蕉叶纹撇口盘与潮州笔架山窑 Ⅰ 式圈足盘形制相似,皆敞口浅腹,折沿,圈足,内底心饰有弦纹一道,内腹壁刻划蕉叶纹,但潮州笔架山窑的 Ⅰ 式圈足多为影青釉,盘内底心仅为一空心圆,而水头窑 C Ⅱ 式盘多为青黄釉,或釉色青白泛绿,盘内底心刻划五条线涡旋纹(图 3-7:8)。水头窑的瓜棱形盒盖与潮州笔架山 Ⅲ 式粉盒盖形制相似,中间置钮蒂,器身呈六瓣瓜棱状,但潮州笔架山窑粉盒盖为白瓷,部分刻划莲瓣纹,而水头窑瓜棱形盒盖为青白釉,或青黄釉,器身饰有蕉叶纹。此外,水头窑出土的 A Ⅰ 式香炉与潮州笔架山窑 Ⅲ 式香炉器型相似,炉座皆为多棱状高座炉,外敞呈喇叭状,炉口多折沿。B Ⅰ 式香炉与潮州笔架山窑 Ⅶ 式莲花炉器型较为相似,炉身半浮雕莲瓣,炉座为多棱状敞足(图 4-1:8)。

　　根据以上水头窑与潮州笔架山窑、广州西村窑的对比分析,可以发现水头窑二期、三期早段的部分生活器具如碗类、盘类和陈设器具如炉、盒类在造型和纹饰上与广东地区的北宋时期窑场拥有诸多相同的文化因素。但即使是相同的造型和纹饰,在釉色上也大有不同,水头窑多呈现出青黄釉、青白泛绿釉,而广东地区多为白釉、青白釉,这可能是因窑工的制瓷工艺不同而有所差别。

第三节　宋代闽南陶瓷对外贸易中的共性因素研究

　　根据前文的分析可知,水头窑址出土器物中蕴含诸多名窑文化因素,如景德镇青白瓷中的墩式碗、莲瓣纹,龙泉青瓷中的双面刻划纹、蕉叶纹,同安窑系的篦划纹、篦点纹以及"珠光青瓷"等元素,甚至包含了广东地区的相似器物的特征。北京大学的陶瓷专家秦大树在《论"窑系"概念的形成、意义及其局限性》中认为,"在一定区域内,众多窑场的产品在同一时期拥有相当多的共性,许多不同窑系的产品在某个窑址中,常常仅在一定时期内生产"③,因为在商品产生和交易高度发达的时期,"没有哪一个窑场会在长期的生产过程中

　　① 广州市文物管理委员会、香港中文大学文物馆合编:《广州西村窑》,香港:香港中文大学中国文化研究所中国考古艺术中心,1987 年,第 45 页。
　　② 广州市文物管理委员会、香港中文大学文物馆合编:《广州西村窑》,香港:香港中文大学中国文化研究所中国考古艺术中心,1987 年,第 45 页。
　　③ 秦大树:《论"窑系"概念的形成、意义及其局限性》,《文物》2007 年第 5 期,第 60～66 页。

忽视市场的需求和工艺技术的发展"①。故水头窑生产的瓷器产品深受当时的市场潮流、交通航线的影响,本节主要以宋元时期的沉船资料来探讨水头窑址中存在的市场畅销因素。

两宋时期,福建闽南地区的商业贸易已然开始兴盛,地方草市兴起。泉州地区人口众多,商业繁盛,有"民数倚于商"②,"富商巨贾麟集其间"③,"城内画坊八十,生齿无虑五十万"④之繁华景象。宋代中期与泉州港有贸易往来的国家和地区约 31 个,主要是东亚、东南亚、南亚、西南亚以及非洲等地区。⑤ 其周边的城市如漳州、兴化也受泉州港辐射逐渐发展起来,城市生活高度发展,商业贸易发达。此外,地方区域也形成了地方商业、交通中心,如漳浦、长溪、安溪等。⑥ 漳浦的沿海地区草市兴盛,"舟楫甚众……商旅至今赖焉"⑦。活跃的市场交易为当地窑场获取瓷器销售信息提供了充分的信息传播途径。并且入宋以后,东南沿海地区的人民愈发强烈地突破政府的束缚,成群结队地走向海洋贸易,成为"海商"。其中漳州商人以及同安商人积极参与海上贩运活动,"平时海舟欲有所向,必先计物货,选择水手,修葺器具,经时阅月,略无不备,然后敢动"⑧,"有人泛海舟,交易外国,经岁始还"⑨。海商的壮大和对海外市场的积极探索,为当地的制瓷业提供了销路,且可以接触到最新的市场需求信息以及制瓷工艺的发展信息。

以"珠光青瓷"而著名的同安窑系,因在日本的镰仓、博多海岸曾大量发现类似的青瓷片,其中一种是器内饰刻划花纹或篦点纹,器外刻划斜竖线或折扇纹,釉色青中泛黄,浅腹,圈足,足底露胎的青瓷碗,这种碗深受日本高僧珠光的喜欢,而被日本学术界称为"珠光青瓷"⑩。此后随着新中国成立后的窑址调查,陈万里先生在福建同安汀溪窑发现此类青瓷,于是证实了日本发现的"珠光青瓷"大多来源于福建同安地区,而福建地区烧造此类型青瓷的窑场约有十多个,他们统称为同安窑系或汀溪类型。在已发现的宋代沉船中也可以发现闽南地区出口陶瓷中的共性因素,即市场畅销产品相似化。根据孟原召的《华光

① 秦大树:《论"窑系"概念的形成、意义及其局限性》,《文物》2007 年第 5 期,第 60～66 页。

② 郑侠:《西塘集》卷 7,《代太守谢》,《景印文渊阁四库全书》,台湾:商务印书馆,1986 年,第 1117 册,第 464 页。

③ 祝穆:《方舆胜览》卷 12,《福建路·泉州》,《景印文渊阁四库全书》,台湾:商务印书馆,1986 年,第 471 册,第 665 页。

④ 陆洞:《东涧集》卷 6,《刘炜叔知泉州制》,《景印文渊阁四库全书》,台湾:商务印书馆,1986 年,第 1176 册,第 467 页。

⑤ 庄景辉:《泉州港考古与海外交通史研究》,长沙:岳麓书社,2005 年,第 85～93 页。

⑥ 廖大珂:《福建海外交通史》,福州:福建人民出版社,2002 年,第 50～54 页。

⑦ 余靖:《武溪集》卷 20,《宋故殿中丞知梅州陈公墓碣》,《景印文渊阁四库全书》,台湾:商务印书馆,1986 年,第 1089 册,第 197 页。

⑧ 廖刚:《高峰文集》卷 5,《漳州到任条具民间利病五事奏状》,福州:海峡文艺出版社,1999 年,第 363 页。

⑨ 彭乘:《续墨客挥犀》卷 5,《海人》,第 70 页。转引自廖大珂:《福建海外交通史》,福州:福建人民出版社,2002 年,第 50～54 页。

⑩ 东京国立博物馆:《日本日出的中国古陶瓷特别展览》,《中国古外销陶瓷研究资料》,第一辑,中国古外销陶瓷研究会编印,1981 年。

礁一号沉船与宋代南海贸易》一文中对宋代各时期的沉船与出水陶瓷器的组合梳理来看，北宋中晚期，西沙群岛的北礁五号、北礁四号、银屿八号沉船为代表，出水器物与广州西村窑、潮州笔架山窑以及福建沿海地区青白瓷，以及晚期的龙泉窑或松溪窑青瓷器型相一致。南宋早期，福建莆田北土龟礁一号沉船、西沙群岛华光礁一号、银屿七号沉船为代表，出水器物与闽清义窑青白瓷和青瓷、德化青白瓷、龙泉窑和松溪窑、南安窑青瓷以及景德镇青白瓷器型相一致。南宋中期，广东南海一号沉船出水器物与闽清义窑青白瓷和青瓷、德化窑青白瓷、龙泉窑和松溪窑青瓷、南安窑青瓷、景德镇青白瓷等器型相一致。[1] 在造型纹饰等因素上，水头窑与景德镇窑系、龙泉窑系以及同安窑系和广东东南沿海地区产品具有相似性因素，主要可从外销瓷的市场因素来看：水头窑与沉船商品之中相似的主要有BaⅡ式斗笠碗与西沙群岛华光礁一号沉船中出水的仿龙泉窑敛口圈足碗形制较为相似，皆内底心刻划团菊纹，内腹壁刻划卷草纹或花卉纹，器外饰成组的篦划线纹，不过水头窑为折扇纹或篦划纹，釉色皆青中泛黄。与莆田北土龟礁一号宋代沉船中的青釉碗在纹饰风格上相似，内底心刻划团花纹即团菊纹，外饰成组篦划纹或折扇纹，釉色青中泛黄。[2] 比较早期的鳄鱼岛沉船出水的青白瓷，与西村窑、罗宛井窑青白瓷刻划花碗相似，[3]水头窑址中CⅠ式、Ⅱ式撇口碗与鳄鱼岛沉船北宋中晚期至南宋早期的器型较为相似，[4]而水头窑址青瓷以及青白瓷与罗宛井窑青白瓷刻划花碗在器型纹饰上相一致。

由此可见，水头窑生产的产品多与当时远销海外的产品风格相似，这符合宋元时期闽南地区的制瓷业生产性质，即功利性外销窑场，是受市场利润驱使兴盛的，其生产的产品消费针对性较强，[5]多远销海外的低端市场，故在产品种类上以生活器具为主，制作工艺上草率粗糙，追求销量而忽视质量。

---

① 孟原召：《华光礁一号沉船与宋代南海贸易》，《博物院》2018 年第 2 期，第 11～26 页。

② 栗建安、羊泽林：《2008 年莆田沿海水下考古调查简报》，《福建文博》2009 年第 2 期，第 1～12 页。

③ 刘淼：《从沉船资料看宋元时期海外贸易的变迁》，《中国古陶瓷学会福建会员大会学术研讨会论文集》，2016 年。

④ 胡舒扬：《宋代中国与东南亚的陶瓷贸易——以鳄鱼岛沉船资料为中心》，《人海相依：中国人的海洋世界》，上海：上海古籍出版社，2014 年。

⑤ 叶文程主编，傅宋良、林元平著：《中国古陶瓷标本·福建汀溪窑》，广州：岭南美术出版社，2002 年，第 221～234 页。

结　语

　　宋元时期,福建地区的制瓷业呈现百花齐放之面貌,窑场众多,窑业特色突出,有建窑黑盏、德化白瓷还有同安窑系青瓷。其中闽南沿海地区因深受泉州港崛起的影响而兴起制瓷业,北宋中期及之后,窑场如雨后春笋般涌现,以海外市场为导向,烧造符合时代发展特征的器物。

　　本书在对水头窑址出土器物的整理分析基础上,得出以下结论:

　　一是经过对水头窑址器物的考古类型学分析,可大致将水头窑址分为三期:第一期为窑口创烧期,约北宋中期至北宋晚期,产品种类单一,器物多素面,制作工艺较为粗糙;第二期为窑口兴烧期,约北宋晚期至南宋初期,产品种类有所丰富,纹饰多为流行因素,工艺水平提高,制作较为精细;第三期为窑口的兴盛期至废烧期,约南宋早期至南宋中期,产品种类与二期相似,但器物形制更为精巧,制瓷工艺达到顶峰,釉色透亮有光泽。

　　二是在窑业技术上,水头窑址使用的是两宋时期较为广泛的斜坡式龙窑、匣钵垫饼叠烧,以及轮制拉坯技术。从窑炉上看,水头窑与周边窑口形制相似,但是在匣具的使用上,周边部分窑口使用了支圈覆烧,水头窑址甚少发现,由此推测水头窑场于南宋中期以后因产量不及周边窑口而成本上升,利润降低,遂至废烧。

　　三是水头窑址作为闽南地区的同安窑系窑场,烧造的产品中既有景德镇青白瓷的纹饰风格,又有龙泉青瓷的纹饰风格,且还有同安窑系的"珠光青瓷"这一纹饰风格,与闽南沿海地区两宋时期的外销性质的窑口风格相似,故推测水头窑的产品性质多为外销。

　　虽根据资料的梳理和研究得出了些许有益结论,但从大的方面来说,对于窑址的研究仍不够深入,对于窑址的性质和行销方向的探讨尚不够详备。因水头窑址未见载于历史文献,且周边诸多重要窑址发掘资料和沉船资料尚未公布,这在一定程度上限制了本书的研究深度。此外,由于本人能力的不及,在对遗物资料的分析上可能会有些许欠缺,有待进一步的研究检验。

　　总之,水头窑址虽然此次发掘面积有限,却获得了可靠的地层信息和较丰富的实物资料,它的发掘对于研究云霄地区以及闽南地区的宋代陶瓷史有着重要意义,为同安窑系或福建沿海外销瓷的研究提供了实证资料。本书对于水头窑址资料的梳理仅限于此次发掘资料的整理,期望未来能够对水头窑址做进一步调查发掘,以揭示完整的窑业面貌。

参考文献

历史文献

[1]撰人不详:《续墨客挥犀》,北京:中华书局,1991 年。

[2](宋)廖刚:《高峰文集》,福州:海峡文艺出版社,1999 年。

[3](宋)余靖:《武溪集》,北京:商务印书馆,1946 年。

[4](宋)许应龙:《东涧集》,台湾:商务印书馆,1982 年。

[5](宋)祝穆撰,(宋)祝洙增订;施和金点校:《方舆胜览》,北京:中华书局,2003 年。

[6](宋)郑侠撰:《西塘集》,台湾:商务印书馆,1982 年。

考古报告及简报

[1]汤毓贤:《福建云霄火田水头窑调查》,《福建文博》1999 年增刊。

[2]李辉炳:《福建省同安窑调查纪略》,《文物》1974 年第 11 期。

[3]陈万里、冯先铭:《故宫博物院十年来对古窑址的调查》,《故宫博物院院刊》1960年,总第 2 期。

[4]陈万里:《建国以来对于古代窑址的调查》,《文物》1959 年第 10 期。

[5]陈万里:《闽南古代窑址调查小记》,《文物参考资料》1957 年第 9 期。

[6]厦门大学历史系、漳州市文物保护中心、云霄县博物馆:《福建云霄水头宋代窑址发掘简报》,《文物》2019 年第 10 期。

[7]江西省文物考古研究所:《景德镇湖田窑址(1988—1999 年考古发掘报告)》,北京:文物出版社,2007 年。

[8]浙江省文物考古研究所:《龙泉东区窑址发掘报告》,北京:文物出版社,2005 年。

[9]郑建明、谢西营:《浙江龙泉金村青瓷窑址调查简报》,《文物》2018 年第 5 期。

[10]广东省博物馆编:《潮州笔架山宋代窑址发掘报告》,北京:文物出版社,1981 年。

[11]福建省博物馆:《漳浦罗宛井窑抢救发掘的主要收获》,《福建文博》2001 年第2 期。

[12]福建省博物院、厦门市博物馆:《厦门集美后溪碗窑窑址发掘简报》,《福建文博》2004 年第 2 期。

[13]福建省博物馆:《武夷山遇林亭窑址发掘报告》,《福建文博》2000 年第 2 期。

[14]栗建安、羊泽林:《2008 年莆田沿海水下考古调查简报》,《福建文博》2009 年第 2 期。

[15]广州市文物管理委员会、香港中文大学文物馆合编:《广州西村窑》,香港:香港中文大学中国文化研究所中国考古艺术中心,1987 年。

[16]曾凡:《福建顺昌大坪林场宋墓》,《文物》1983 年第 8 期。

研究著作

[1]冯先铭:《冯先铭谈宋元陶瓷》,北京:紫禁城出版社,2009 年。

[2]叶文程、林忠干:《福建陶瓷》,福州:福建人民出版社,1993 年。

[3]福建省云霄县地方志编纂委员会编:《云霄县志》,北京:方志出版社,1999 年。

[4]叶文程主编,傅宋良、林元平著:《中国古陶瓷标本·福建汀溪窑》,广州:岭南美术出版社,2002 年。

[5]厦门市博物馆:《闽南古陶瓷研究》,福州:福建美术出版社,2002 年。

[6]孟原召:《闽南地区宋至清代制瓷手工业遗存研究》,北京:文物出版社,2017 年。

[7]中国硅酸盐学会主编:《中国陶瓷史》,北京:文物出版社,1982 年。

[8]叶文程主编,王文径著:《中国福建古陶瓷标本大系·漳浦窑》,福州:福建美术出版社,2005 年。

[9]廖大珂:《福建海外交通史》,福州:福建人民出版社,2002 年。

[10]庄景辉:《泉州港考古与海外交通史研究》,长沙:岳麓书院,2005 年。

[11]庄景辉:《海外交通史迹研究》,厦门:厦门大学出版社,1996 年。

研究文章

[1]栗建安:《宋元时期漳州地区的瓷业》,《福建文博》2001 年第 1 期。

[2]栗建安:《福建古窑址考古五十年》,《陈昌蔚纪念基金会论文集一》,台湾财团法人陈昌蔚文教基金会,2001 年。

[3]庄为玑:《浙江龙泉与福建的土龙泉》,《中国考古学会第三次年会论文集 1980》,北京:文物出版社,1982 年。

[4]叶文程:《宋元时期龙泉青瓷的外销及其有关问题的探讨》,《海交史研究》1987 年第 2 期。

[5]郑东:《福建闽南地区古代陶瓷生产概述》,《东南文化》2002 年第 5 期。

[6]林忠干:《同安窑系青瓷的初步研究》,《东南文化》1990 年第 5 期。

[7]董健丽：《论浙江和福建的珠光青瓷》，《东方博物》2011年第1期。

[8]冯先铭：《三十年来我国陶瓷考古的收获》，《故宫博物院院刊》1980年第1期。

[9]秦大树：《论"窑系"概念的形成、意义及其局限性》，《文物》2007年第5期。

[10]李永歌：《布瑞克沉船出土的福建陶瓷》，《中国港口》2016年第S1期。

[11]刘振群：《窑炉的改进和古陶瓷发展的关系》，《华南工学院学报》1978年第3期。

[12]叶文程：《福建陶瓷外销的港口、航线和地区》，《东方收藏》2010年第11期。

[13]李知宴、陈鹏：《宋元时期泉州港的陶瓷输出》，《海交史研究》1984年第00期。

[14]陈雨前：《宋代景德镇青白瓷的历史分期及其特征》，《中国陶瓷》2007年第6期。

[15]刘净贤：《福建仿龙泉青瓷及其外销状况初探》，《故宫博物院院刊》2013年第5期。

[16]冯先铭、冯小琦：《宋龙泉窑瓷器及其仿品》，《收藏家》1997年第6期。

[17]林忠干、张文崟：《同安窑系青瓷的初步研究》，《东南文化》1990年第5期。

[18]栗建安：《福建仿龙泉青瓷的几个问题》，《东方博物》1999年第3期。

[19]麦英豪、黄淼章：《西村窑与宋代广州的对外贸易》，《广州研究》1982年第1期。

[20]东京国立博物馆：《日本出土的中国陶瓷特别展览》，《中国古外销陶瓷研究资料》，第一辑，中国古外销陶瓷研究会编印，1982年。

[21]孟原召：《华光礁一号沉船与宋代南海贸易》，《博物院》2018年第2期。

[22]刘淼：《从沉船资料看宋元时期海外贸易的变迁》，《中国古陶瓷学会福建会员大会学术研讨会论文集》，2016年。

[23]孟原召：《宋元时期泉州沿海地区制瓷业的兴盛与技术来源试探》，《海交史研究》2007年第2期。

[24]傅宗文：《宋代福建沿海的商业化浪潮》，《中国社会经济史研究》1989年第3期。

[25]刘新园：《景德镇湖田窑各期典型碗类的造型特征及其成因考》，《文物》1980年第11期。

[26]任世龙：《龙泉青瓷的类型与分期试论》，《中国考古学会第三次年会论文集1980》，北京：文物出版社，1982年。

[27]胡舒扬：《宋代中国与东南亚的陶瓷贸易——以鳄鱼岛沉船资料为中心》，上海中国航海博物馆、中国博物馆协会航海博物馆专业委员会编：《人海相依：中国人的海洋世界》，上海：上海古籍出版社，2014年。

学位论文

[1]郑晓君：《宋元时期环九龙江口的陶瓷业与早期航运》，厦门大学硕士学位论文，2007年。

[2]王新天：《中国东南海洋性瓷业发展史》，厦门大学博士学位论文，2007年。

下篇 水头窑址概观及出土器物图录

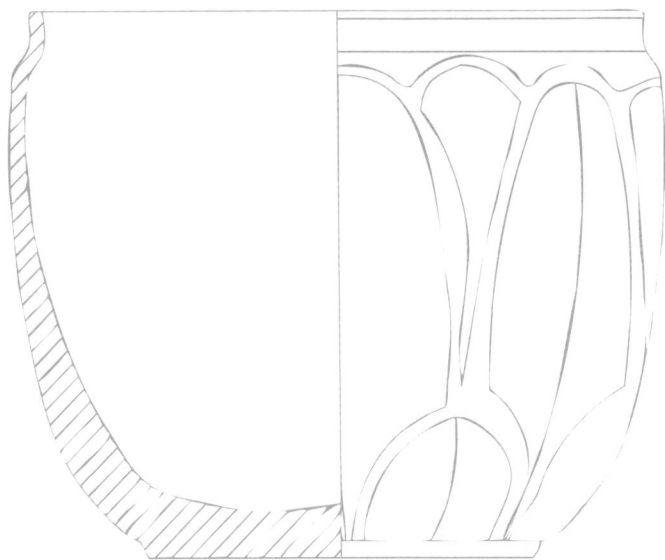

一、窑址概览

水头窑址地表堆积

水头窑址匣钵堆积

调查采集的地表遗物

云霄水头窑址航拍工地照(上南下北)

Y1 俯视图

Y2 俯视图

T06 南壁剖面图

Y2 侧面砖砌结构图

Y1 窑炉底部结构图

专家现场验收讨论

二、出土器物图录

（一）碗

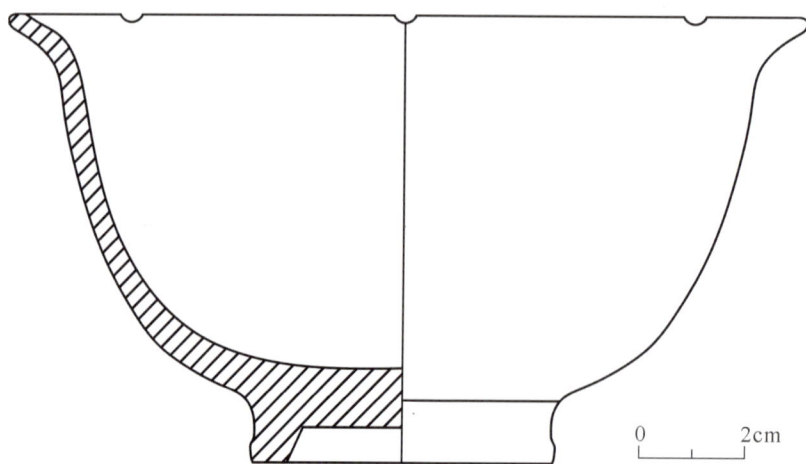

标本 2017YPST03②a：9，花口，口沿微撇上折，近直口，上腹部稍直而下腹部明显的折收，腹壁外弧鼓呈墩子式，器壁上薄下厚，圈足，釉色青中微泛灰，无开片，内外施满釉，足内不施釉。胎色灰白，质地较紧密。素面无纹，外腹壁可见拉坯留下的横向条纹。口径15.3厘米、足径7.3厘米、高7.9厘米。

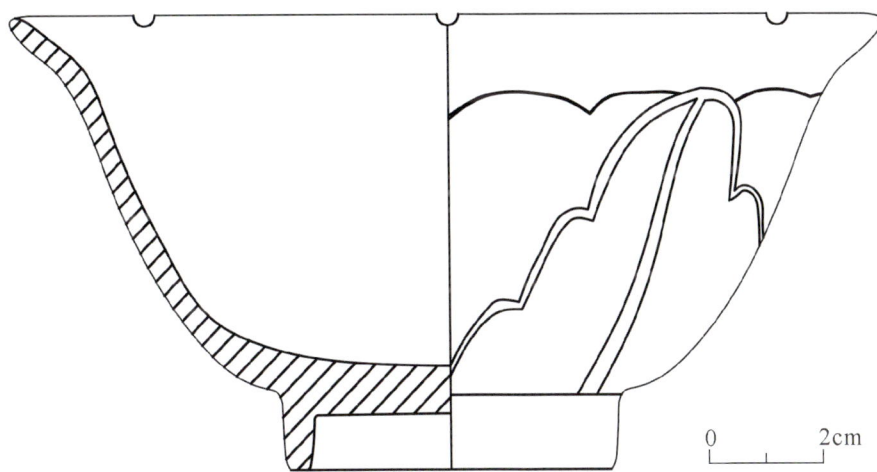

标本 2017YPST03②b:4，花口，口沿外撇稍平折，腹较深，腹壁较斜直，圈足，挖足较深。釉色青中泛灰，内外皆满施釉，圈足底内露胎。灰白胎，胎质坚硬。口沿下面一圈饰波浪线纹，外壁刻划蕉叶纹和篦线纹。口径 15.3 厘米、足径 6.9 厘米、高 9.7 厘米。

标本 2017YPST04②a:5，花口，口沿微撇上折，深弧腹，圈足，釉色青中泛绿，无开片，内施满釉，外施釉至下腹部，口沿施釉较厚，有流釉现象，圈足及足底未施釉，无开片。胎色灰黄，质地紧密。素面无纹，外腹壁也可见拉坯留下的横向条纹。口径 15 厘米、足径7.5厘米、高 8.1 厘米。

标本 2017YPST01②b:29，花口外撇，弧腹，圈足。青绿釉，内外皆施满釉，圈足内底露胎。白黄胎，胎质紧密。素面，器外壁有几圈拉坯形成的细纹。口径 15.5 厘米、足径 6厘米、高 8.5 厘米。

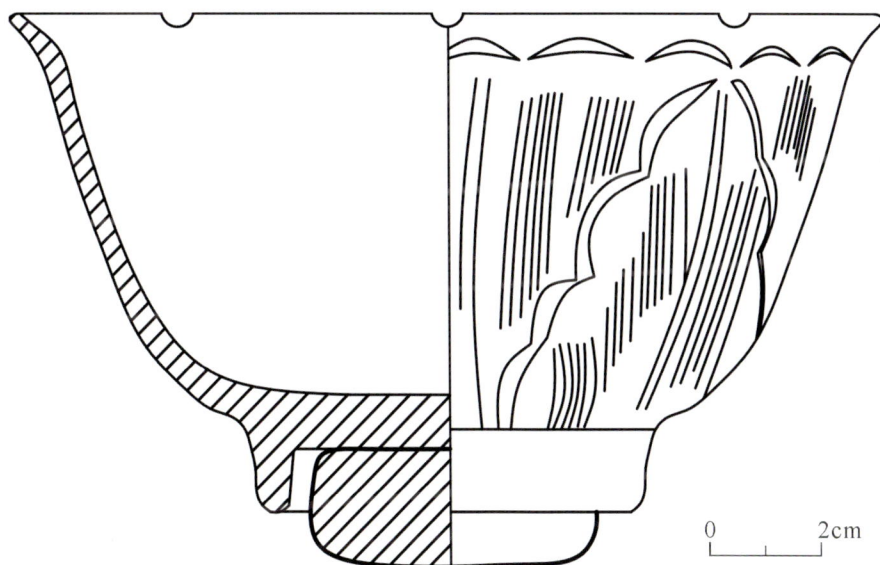

标本 2017YPST02②a：14，花口，口沿外撇，斜弧腹，圈足。釉色青灰中泛黄，灰白胎，胎质紧密。内外施满釉，器外有细微开片。外饰蕉叶纹，蕉叶内饰有竖线篦划纹。口径 15.6 厘米、足径 6.3 厘米、高 8.2 厘米。

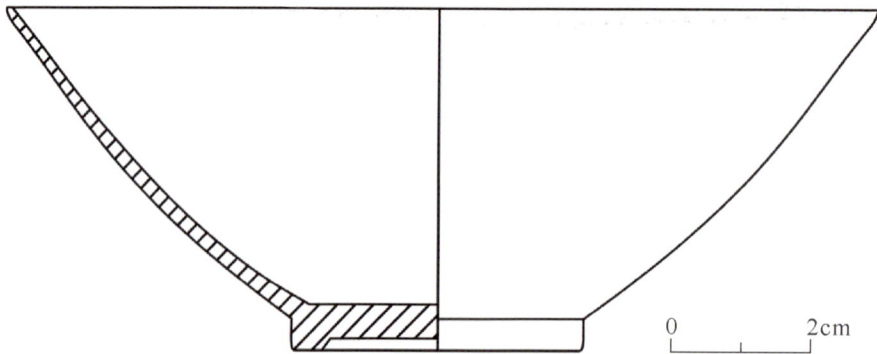

标本 2017YPST03②c:3,敞口,尖圆唇,略芒口,口沿处有积釉现象,腹壁较斜直,腹略深。内施满釉,外壁施釉,圈足和足底露胎。青灰釉,白色胎,胎质紧密。素面,外壁有拉坯形成的细纹。口径 12.6 厘米、足径 3.6 厘米、高 5.5 厘米。

　　标本 2017YPST01②b：28，敞口，尖圆唇，腹壁斜直，腹略浅，小圈底，饼足浅挖。白胎，胎质坚硬，釉色青中泛黄，器内外有开片。内外施满釉，施釉较厚，底心有积釉。器内外饰有双面斜线刻划纹，外壁有黄色窑斑痕迹。口径 12.3 厘米、足径 3.7 厘米、高 5.5 厘米。

　　标本 2017YPST04②c:10,敞口,尖圆唇,腹壁较斜直,近口沿处壁微弧,腹略深。白胎,胎质致密。釉色青白泛黄,釉层较厚,有细小开片。内施满釉,外壁施釉,圈足以及足底不施釉。素面,外壁有旋削痕,近口沿处有一圈凹痕。口径 12.4 厘米、足径 3.8 厘米、高 5.6 厘米。

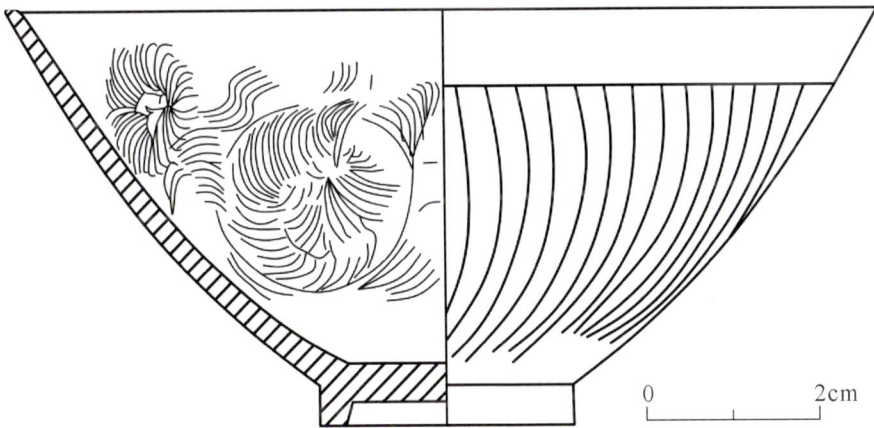

标本 2017YPST01②a：5，敞口，尖圆唇（残品，口部变形），腹壁斜直。器内施满釉，碗壁施釉，圈足和足底部未施釉。釉色青中泛黄，呈玻璃质感，有开片。白胎，胎质致密。器内饰有团菊纹，其中内底心一圆形团菊，内腹壁饰有团菊纹，近口沿处有一圈留白。器外壁刻划折扇纹，近口沿处有一圈弦纹，斜线密集自口向底集聚。口径 10 厘米、足径 3.4 厘米、高 5.5 厘米。

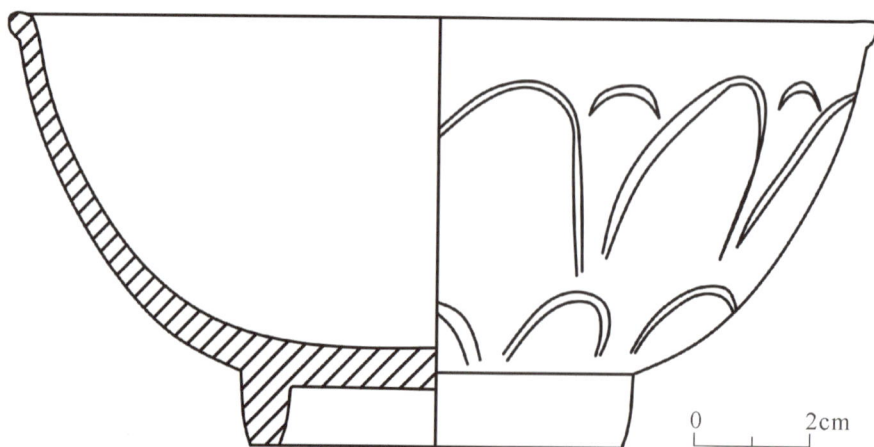

标本 2017YPST03②b：10，敞口，尖圆唇，腹壁较弧，胎体厚实，圈足矮大，器内底部宽平，挖足较深，足墙宽厚。灰白色胎，胎质坚硬，内外施满釉，足底不施釉，青色釉，釉色闷青。外壁饰有莲瓣纹。口径 15.3 厘米、足径 6.4 厘米、高 7.7 厘米。

标本 2017YPST01①:4,敞口,圆唇,深弧腹,胎体敦实,圈足较高,足墙较厚。灰黄胎,胎质致密,青釉,釉色青中泛黄,施釉较厚,有开片。器内外满釉,圈足部分和足内露胎。外壁饰有莲瓣纹,莲瓣内有短促的篦划线纹。口径 18.1 厘米、足径 8 厘米、高 9.5 厘米。

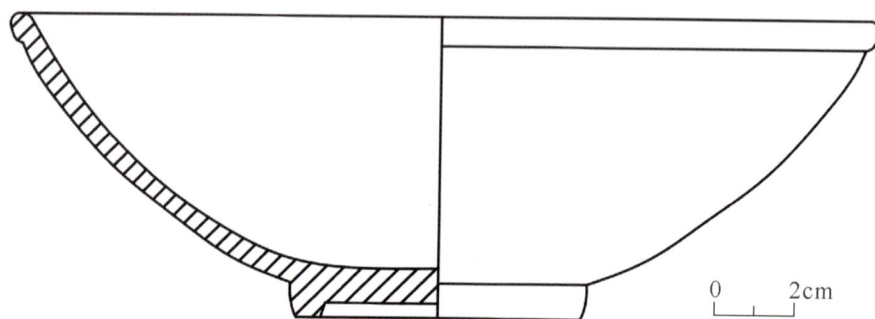

　　标本 2017YPST02②c:32，敞口，厚圆唇，浅腹，腹壁斜弧，圈足，足较大较矮，底略平。白胎，胎质坚硬，内施满釉，外壁施釉，圈足和足底露胎。青灰釉，施釉较薄，有细小开片。口径 22 厘米、足径 6.5 厘米、高 7.2 厘米。

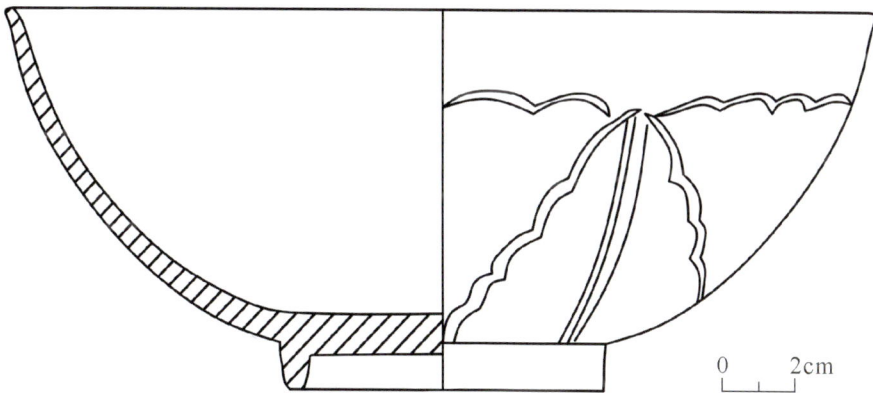

标本 2017YPST04②b:2,敞口,圆唇,腹较深,腹壁略鼓,底部有一圈凹弦纹,内平底,圈足较高,挖足较浅。灰白胎,胎质致密,青釉。施釉较薄,外壁施釉不均,部分有露胎,圈足和足底未施釉。外壁饰有刻划蕉叶纹,口沿处饰有一圈波浪纹连接蕉叶顶部,蕉叶内填充篦划纹。口径 23.5 厘米、足径 8.5 厘米、高 9.5 厘米。

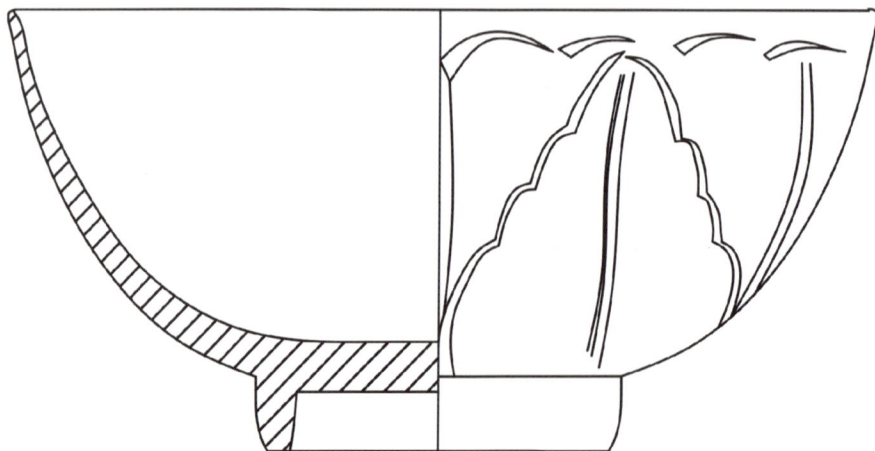

　　标本 2017YPST03①：11，敞口，尖圆唇，深弧腹，腹壁鼓，内平底，底部有一圈凹弦纹，高圈足。黄白胎，胎质坚硬，釉色青中泛黄，有细小开片。施釉较厚较均匀，内外施满釉，釉不及足底。外壁饰有蕉叶纹和沿口一圈波浪纹，以及拉坯留下来的横纹。

标本 2017YPST04②a：11，口沿微侈，深弧腹，腹壁较鼓，高圈足，挖足较深。黄白胎，胎质较紧密，青灰色釉。内施满釉，内饰卷草纹，外施釉不及底。器外壁饰有刻划斜线纹，在胎坯未干时，由底至沿刻划斜线，其后用釉填满划痕，釉面无光泽。口径 11.1 厘米、足径 4.5 厘米、高 6.2 厘米。

标本 2017YPST01①:33，侈口，卷唇，腹壁较弧，高圈足。黄白胎，胎质坚硬，青灰釉。
内外满釉，器底不施釉。器内饰有刻划卷草纹，外腹壁饰有鱼鳞纹。口径 11.1 厘米、足径
4.5 厘米、高 6.2 厘米。

标本 2017YPST04①:7，敞口，圆唇，深弧腹，腹壁鼓，高圈足。黄白胎，胎质坚硬，釉色
青中泛黄，有细小开片。内外施满釉，施釉较厚且较均匀，足底未施釉。外壁饰有蕉叶纹，
填充篦划纹，沿口沿有一圈波浪纹以及拉坯留下的横纹。

标本 2017YPST01①:2,敞口,厚圆唇,深弧腹,胎体厚实,圈足较宽矮。白胎,胎质坚硬,釉层较厚,青白色釉,釉色莹润有光泽,内外施满釉,足内不施釉。口沿下有一圈凹痕,外腹壁刻划莲瓣纹,莲瓣上部较尖,莲瓣内填以篦线纹。口径 21.2 厘米、足径 8.7 厘米、高 8.9 厘米。

标本 2017YPST010②a:07,侈口,卷唇,腹壁较弧,高圈足,足墙较厚。黄白胎,胎质紧密,釉色青中泛黄,呈玻璃质感,有细小开片。内外施满釉,器底不施釉。外壁饰有折扇纹。

标本 2017YPST05①，敞口，圆唇，口沿外撇稍平折，腹较深，腹壁斜直，高圈足，挖足较深。灰黄胎，外壁施青釉，釉色青中泛黄，施釉较厚，无开片，圈足部分和足内露胎。外壁素面，有拉坯形成的细横纹。

标本 2017YPST01②c：1，敞口，尖圆唇，口沿处有积釉现象，腹略深，腹壁较斜直，小圈足。内外壁均饰满釉，施釉较薄，圈足和足底露胎。青黄釉，红色胎。素面，外壁有拉坯形成的细横纹。

标本 2017YPST04①:1,敞口,圆唇,口沿处有积釉现象,深弧腹,腹较深,胎体敦实,圈足高宽。青白色釉,内外壁均施满釉,足底和足内部分不施釉。外腹壁刻划莲瓣纹,莲瓣上部较尖,圈足无纹饰。

标本 2017YPST02②a:2,花口外撇,尖圆唇,深弧腹,高圈足,挖足较深。青黄釉,内外壁皆施满釉,足底及足内部分露胎。白黄胎,胎质紧密。器壁素面,有开片,外壁有多圈拉坯形成的细横纹。

标本 2017YPST01②c:41，敞口，尖圆唇，腹壁斜直，腹略浅，小圈足，挖足较浅。黄白胎，胎质坚硬，釉色青中泛黄，内外皆施满釉，施釉较厚。外壁素面，无开片，有拉坯留下的数圈细横线，外壁有黄色窑斑痕迹。

标本 2017YPST01②c:20，敞口，圆唇，腹较浅，腹壁斜直，圈足窄小。黄褐胎，釉色青中泛黄，内外壁皆施满釉，施釉较厚。外壁素面，无开片，有拉坯形成的数圈细横线。

标本2017YPST04②c:9,敞口,尖圆唇,略芒口,腹壁较斜直,腹略深,胎体厚实,圈足较矮窄。黄白胎,内外壁皆施青釉,施釉较厚,釉色莹润,圈足露胎。器壁素面,无开片,外壁有拉坯留下的数圈细横纹。

标本2017YPST01②b:129,敞口,尖圆唇,腹壁较斜直,腹略深,小圈足底。内外壁皆施釉,釉色青中泛黄,施釉较薄,圈足和足底露胎。器壁素面,无开片,外壁有拉坯形成的细纹。

标本 2017YPST02②b，侈口，口沿外撇，深弧腹，高圈足。青黄釉，内外皆施满釉，圈足内底露胎，白黄胎，胎质紧密。器壁素面，无开片，外壁有数圈拉坯形成的细横纹。

标本 2017YPST01②：133，花口外撇，深弧腹，高圈足。青黄釉，内外皆施满釉，圈足内底露胎，灰黄胎。器壁素面，无开片，外壁有数圈拉坯形成的细横纹。

标本 2017YPST03①:2,敞口,圆唇,腹壁斜直,腹略深,圈足较矮窄。灰黄胎,釉色青中泛灰,内外壁皆施釉,施釉较薄,足底及圈足内露胎。器壁素面,无开片,外壁有拉坯留下的横纹。

标本 2017YPST03②c:5,花口外撇,芒口,口沿处有积釉现象,深弧腹,腹较鼓,圈足较高宽。青釉,釉色青中泛黄,内外壁皆施釉,施釉较薄,圈足及足底不施釉,灰黄胎。器壁素面,外壁有拉坯留下的横纹。

标本 2017YPST01:23,敞口,圆唇,略芒口,深弧腹,圈足,挖足较深。灰白胎,胎质细密,青釉,釉色青中泛黄,内外壁皆施釉,施釉较薄,无开片。圈足部分和足内露胎。外壁饰有莲瓣纹。

标本 2017YPST01②b:1,花口外撇,尖圆唇,芒口,深弧腹,高圈足。青釉,内外壁皆施釉,釉色青中泛黄,施釉较厚,足底露胎,灰白胎。器壁素面,无开片,外壁有数圈拉坯形成的细横纹。

标本 2017YPST04②c:4,敞口,厚圆唇,浅腹,腹壁斜弧,圈足,足较大较矮,底略平。黄白胎,胎质坚硬,内施满釉,外壁施釉,圈足和足底露胎。青黄釉,施釉较薄。器壁素面,无开片,口沿下有一圈凹痕,外壁有拉坯形成的细横纹。

标本 2017YPST02②b:13,敞口,厚圆唇,芒口,浅腹,腹壁斜直,圈足,足较窄较矮。黄白胎,内施满釉,外壁施釉,足底露胎,青黄釉,施釉较薄。器壁素面,无开片,外壁有拉坯形成的细横纹。

　　标本 2017YPST01②b:21,敞口,尖圆唇,腹壁较斜直,腹略深,圈足较矮窄。内施满釉,外壁施釉,圈足和足底露胎。青黄釉,施釉较浅,黄白胎,胎质紧密。素面无纹,有开片,外腹壁可见拉坯留下的细横纹。

　　标本 2017YPST01②c:20,敞口,尖圆唇,略芒口,口沿处有积釉现象,腹壁较斜直,腹较浅。内施满釉,外壁施釉,圈足和足底露胎。青黄釉,施釉较厚,黄白胎。素面无纹,无开片,外腹壁可见拉坯形成的横纹。

标本 2017YPST03①:4,花口,圆唇,腹壁斜弧,腹较浅,圈足宽矮。内施满釉,外壁施釉,圈足和足底露胎,施釉不均,器身有部分露胎。青黄釉,施釉较厚,黄白胎,胎质紧密。素面无纹,无开片。

标本 2017YPST02②:35,敞口,尖圆唇,口沿处有积釉现象,腹壁斜直,腹略深,圈足较窄较矮。内施满釉,外壁施釉不均,外腹壁有部分露胎,圈足和足底露胎。青灰釉,釉色温润,黄白胎,胎质紧密。素面无纹,无开片,外腹壁可见拉坯形成的细横纹。

标本 2017YPST02①:23,花口,口沿微撇上折,深弧腹,腹较鼓,胎体敦实,高圈足。内外皆施满釉,圈足露胎,灰黄胎,釉色青中泛黄,施釉较厚。素面无纹,有开片,外腹壁可见拉坯形成的横纹。

标本 2017YPST02①:1,敞口,尖圆唇(残品,口部变形),腹壁斜弧,圈足。器内施满釉,外壁施釉不及足底,黄白胎,胎质紧密,釉色青中泛黄,施釉较薄。素面无纹,有开片,外腹壁可见数圈拉坯形成的横向纹。

标本 2017YPST04②b：1，敞口，厚圆唇，腹较深，腹壁略鼓，圈足较高，挖足较深。内壁施满釉，外壁施釉不及圈足和足底，灰黄胎，胎质紧密，釉色青中泛黄，施釉较薄。外壁饰有刻划蕉叶纹，口沿处饰有一圈波浪纹连接蕉叶顶部，蕉叶内填充篦划纹。

标本 2017YPST02②b：6，敞口，尖圆唇，略芒口，腹壁斜弧，腹略深，高圈足，挖足较深。内施满釉，外壁施釉不均，部分有露胎。灰黄胎，胎质紧密，釉色青中泛黄，施釉较薄。外腹壁素面无纹，部分器壁有开片。

　　标本2017YPST01①:3,敞口,圆唇,口沿处有积釉现象,深弧腹,腹略深,高圈足,挖足较深。内外皆施釉,施釉较薄。黄白胎,釉色青中泛黄。外壁饰有莲瓣纹,无开片。

（二）盘

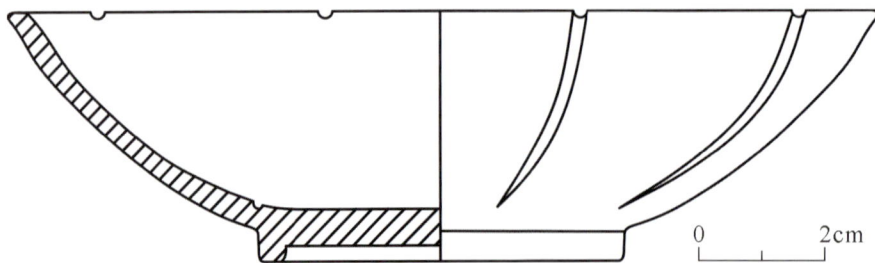

标本 2017YPST01②c:3，葵口，敞口，腹壁略弧近斜直，腹较浅，胎体较厚，矮圈足，挖足较浅，近似饼足。灰白胎，胎质较致密，青釉，内施满釉，器外施釉不及底。口径 14 厘米、足径 7.2 厘米、高 4.9 厘米。

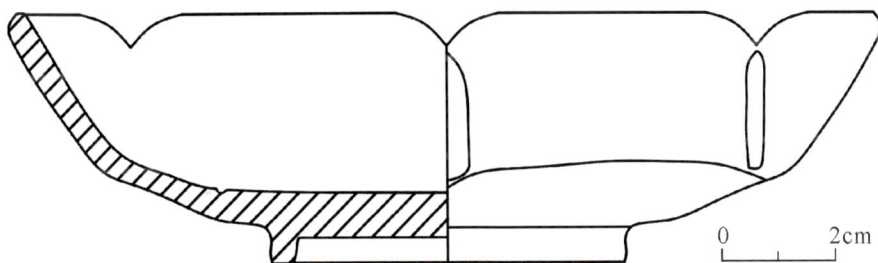

　　标本 2017YPST01②b:173，葵口，敞口近直，上壁斜直，腹至底端折收，器底宽平，圈足，足墙较薄，挖足较深。灰白胎，胎质坚硬，釉色青中泛绿，内外施满釉，素面，釉色透亮，无大开片。口径 15.3 厘米、足径 7.2 厘米、高 4.2 厘米。

标本 2017YPST03②c:7,敞口,腹壁斜直略弧,胎体厚重,器壁较厚,矮圈足,挖足较浅。黄白胎,胎质较粗,青黄釉,内施满釉,外壁施釉不及底。素面,腹壁有拉坯留下来的横纹,釉面有细小开片。口径 18.3 厘米、足径 7.3 厘米、高 5.1 厘米。

标本 2017YPST03①:1,葵口,敞口,弧腹近斜直,胎体较厚,器壁上薄下厚,矮圈足,挖足较浅。黄白胎,胎质较粗,青黄釉,内施满釉,器外施釉不及底。口径 13.8 厘米、足径 7.2 厘米、高 4.9 厘米。

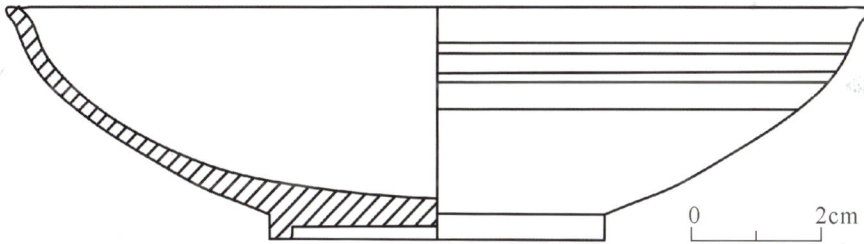

标本 2017YPST02②b:44,尖圆唇,近直口,腹壁底端折收,矮圈足,挖足较浅。灰白胎,胎质紧密,青釉,器内满釉,器外施釉不及底。素面,外壁口沿处饰有两圈凸弦纹。口径 13.4 厘米、足径 5.5 厘米、高 2.6 厘米。

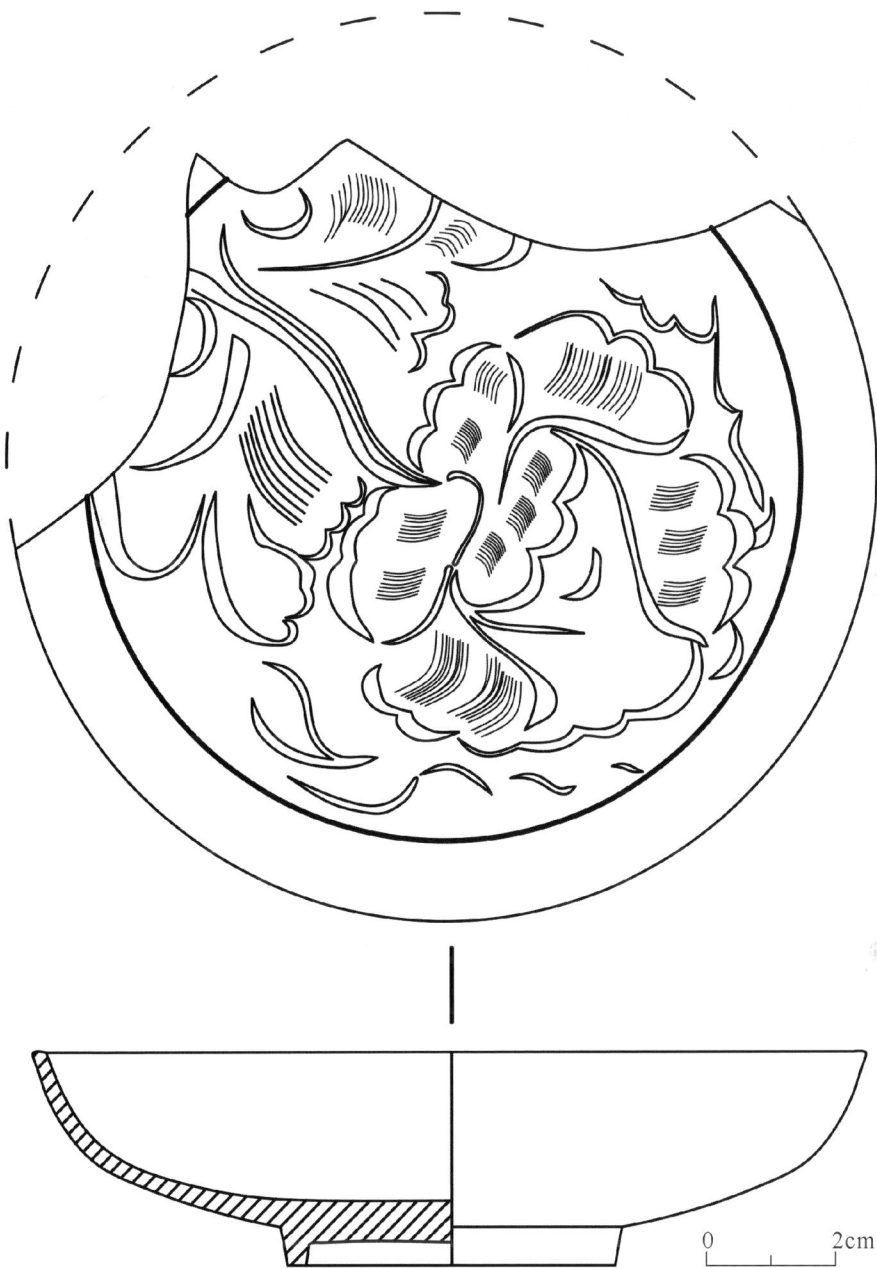

标本 2017YPST01①:7，尖圆唇，近直口，腹壁底端折收，器底宽平，有一圈凹纹，矮圈足，足墙较薄。灰白胎，胎质致密，青白釉泛绿色，器内满釉，外施釉不及底。盘底部饰有刻划云气纹，并辅以篦划纹。口径 13.4 厘米、足径 5.5 厘米、高 2.4 厘米。

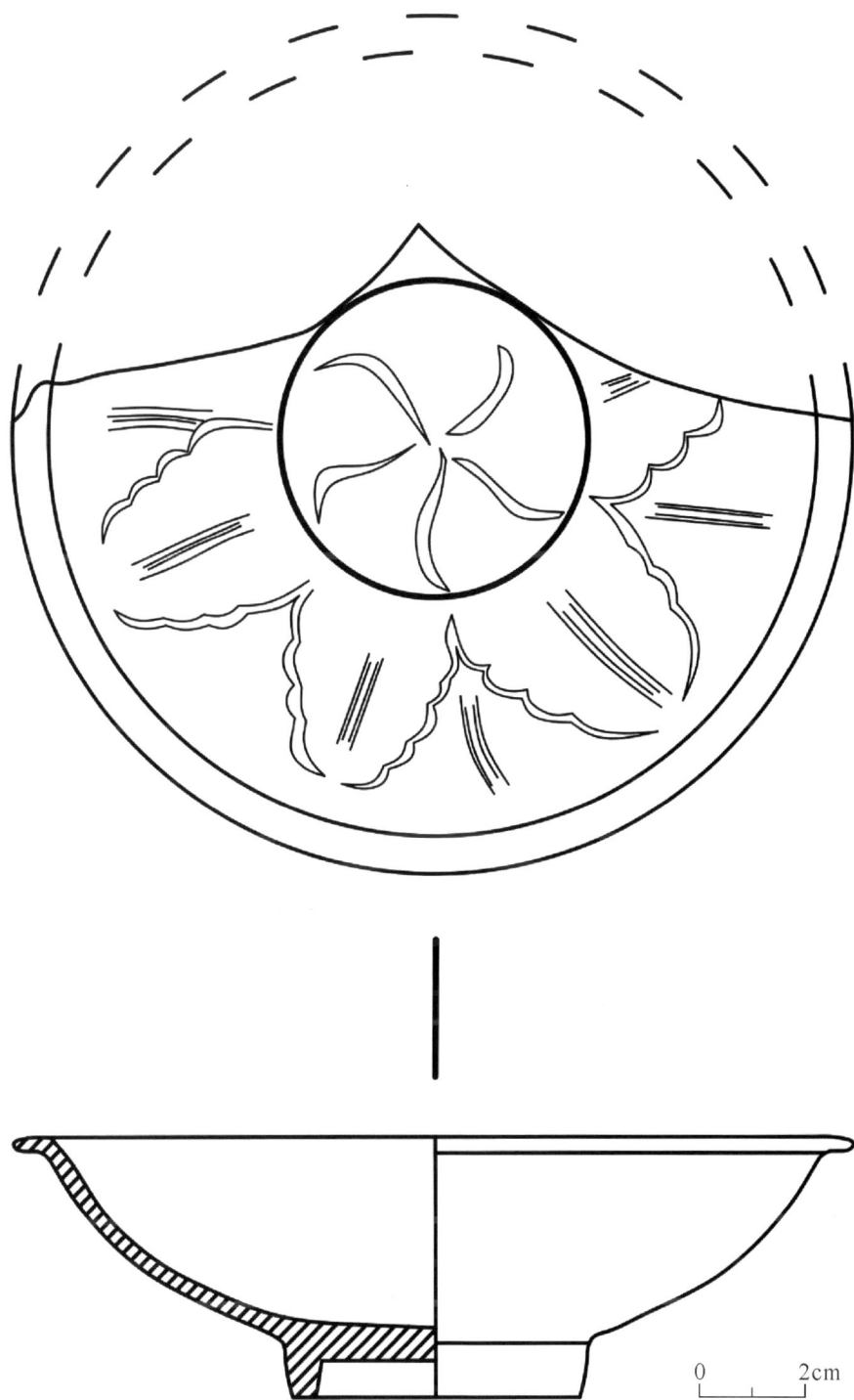

标本 2017YPST01②b:21，口沿外撇较甚，近折沿，斜弧腹，器底中心略凸，圈足较高，挖足略深。灰白胎，胎质坚硬，釉色青中泛绿，制作较精细，釉色透亮，器内外施满釉。器底中心有一圈弦纹，圈内饰有涡旋纹，围绕弦纹刻划蕉叶纹，外腹壁素面。口径 16 厘米、足径6.1厘米、高 5.5 厘米。

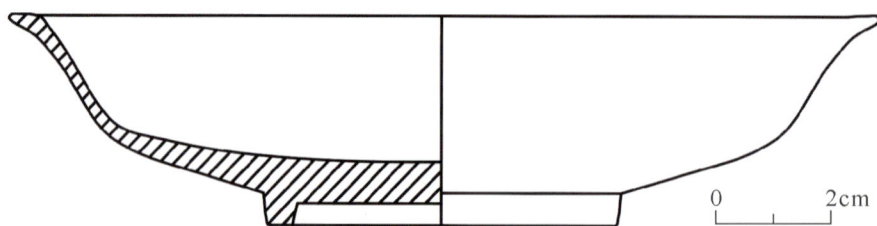

标本 2017YPST01②c:3，口沿微撇，芒口，腹部斜敞，腹较浅，上腹壁斜直，下腹部折收，器底较宽平，圈足较矮。灰白胎，胎质较紧密，青釉，釉层较薄，器内满釉，器外施釉不及底。素面，腹壁有拉坯时留下的横纹。口径 15.3 厘米、足径 6.4 厘米、高 5.1 厘米。

标本 2017YPST02①:1,撇口,口沿外折近平,上腹壁较直,下腹壁折收,盘内底平坦。圈足较高,挖足较深,足墙较窄。灰白色胎,胎质坚硬,釉色青白泛灰色,内外满釉,仅足内不施釉。内腹壁印花团菊纹和卷草纹。

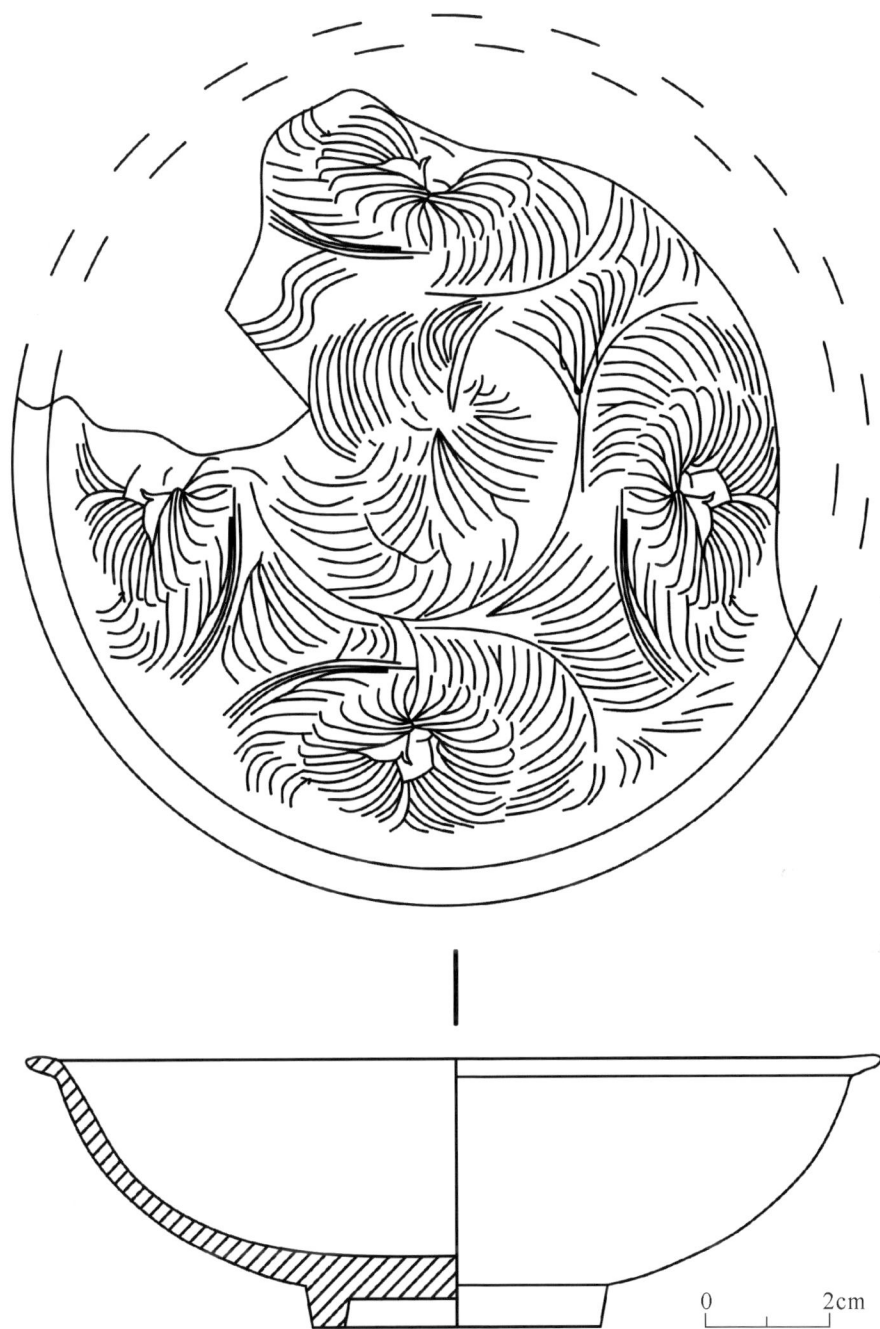

    标本 2017YPST01②b：22，口沿外撇近折沿，上腹部圆鼓，圈足，挖足较深。砖红色
胎，胎质较致密，青黄釉，内外皆施釉，足底不施釉，釉层较薄，内腹壁刻划花纹，凹处施不
到釉。外腹壁素面无纹，盘内饰有刻划花团菊纹和卷草纹。口径 14 厘米、足径 6.4 厘米、
高 5.3 厘米。

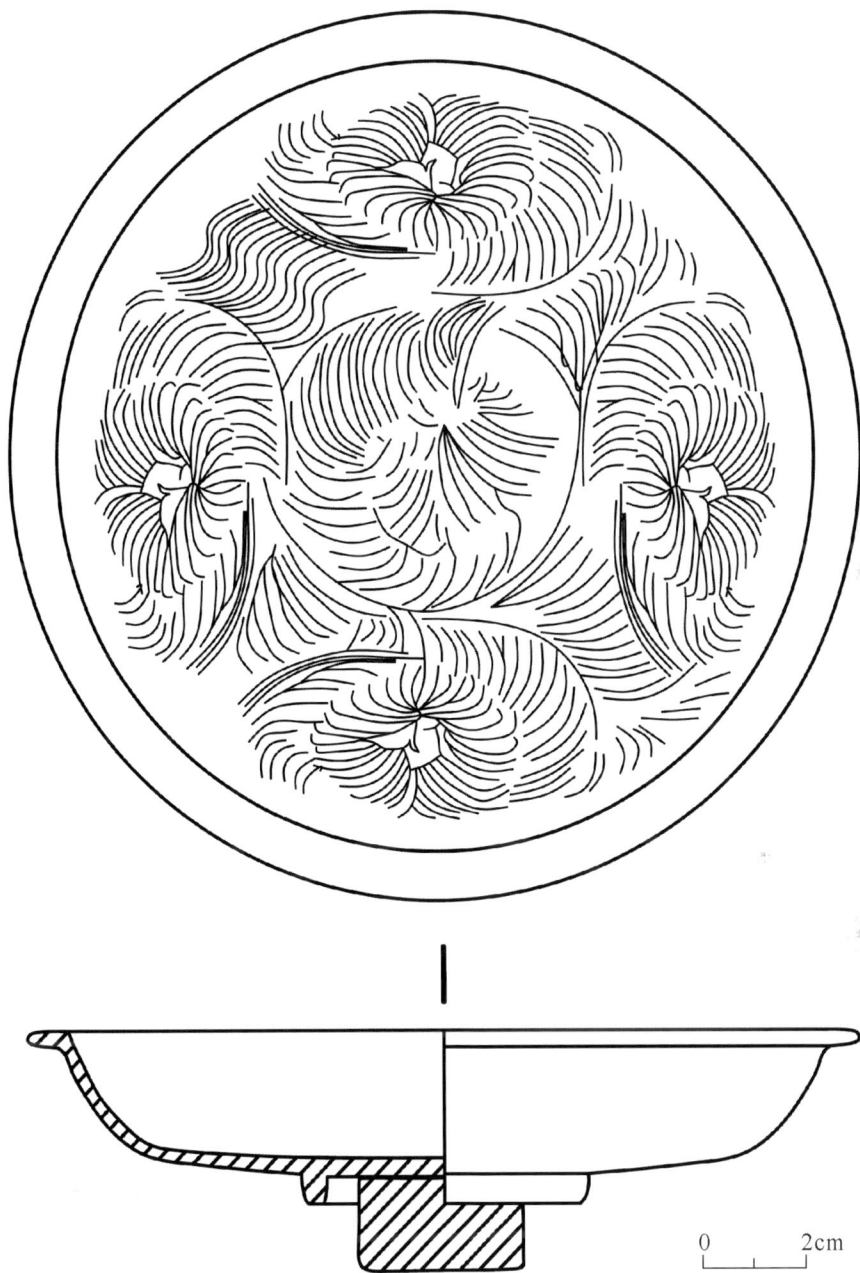

标本 2017YPST02①:1，撇口，口沿外折近平，上腹壁较直，下腹壁折收，盘内底平坦。圈足较高，挖足较深，足墙较窄，盘底足下黏有垫饼。灰白色胎，胎质坚硬，釉色青白泛灰色，内外满釉，仅足内不施釉。内腹壁印花团菊纹和卷草纹。口径 16.8 厘米、足径 5.4 厘米、高 3.3 厘米。

标本 2017YPST01②:130,敞口,腹壁斜直略弧,胎体厚重,器壁较厚,矮圈足,挖足较浅。灰白胎,胎质紧密,青灰釉,内施满釉,外壁施釉不及底。素面,腹壁有拉坯留下来的横纹,釉面有开片。

标本 2017YPST01②b:178,尖圆唇,近直口,腹壁底端折收,器底宽平,有一圈凹纹,矮圈足,足墙较薄。灰白胎,胎质致密,青白釉泛绿色,器内满釉,外施釉不及底。无大开片。

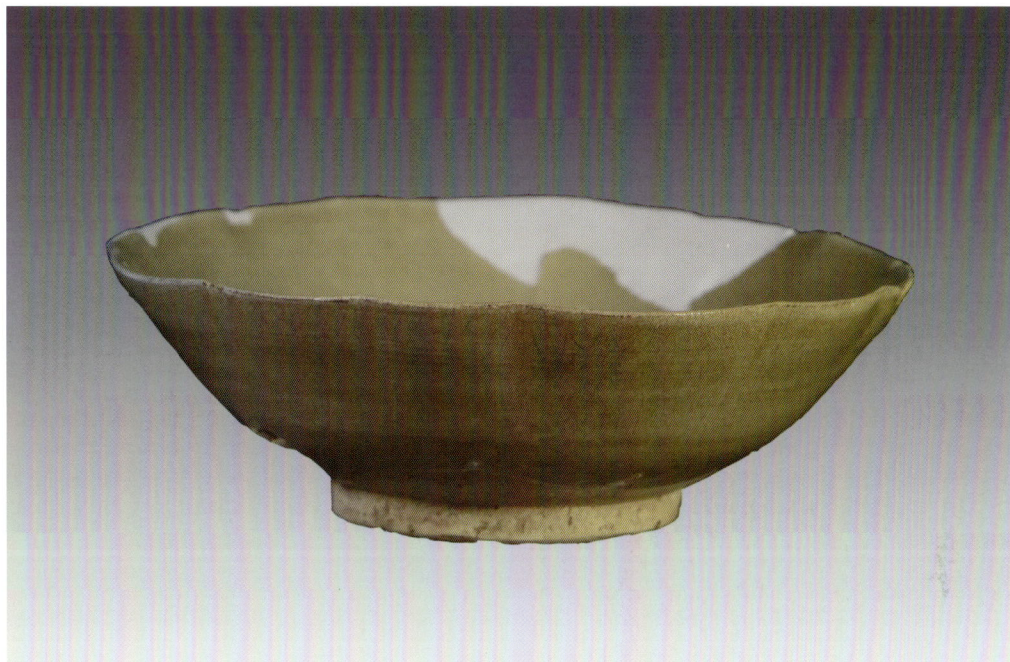

标本2017YPST02②c:8,葵口,敞口,弧腹近斜直,胎体较厚,器壁上薄下厚,矮圈足,挖足较浅。黄白胎,胎质较粗,青黄釉,内施满釉,器外施釉不及底。

标本2017YPST03②:20,撇口,口沿外折近平,上腹壁较直,下腹壁折收,盘内底平坦。圈足较高,挖足较深,足墙较窄。灰白色胎,胎质坚硬,青釉,内外满釉,仅足内不施釉。

标本 2017YPST01②c:139,尖圆唇,近直口,腹壁底端折收,矮圈足,挖足较浅。黄白胎,胎质紧密,青灰釉,颜色较深,器内满釉,器外施釉不及底。素面,外壁口沿处饰有两圈凸弦纹。有细小开片。

标本 2017YPST03②b:8,尖圆唇,腹部斜敞,腹壁底端折收,器底宽平,有一圈凹纹,矮圈足,足墙较薄。灰白胎,胎质致密,青灰釉泛黄色,器内满釉,外施釉不及底。有细小开片。

标本 2017YPST03②b：6，口沿外撇较甚，近折沿，斜弧腹，器底中心略凸，圈足较高，挖足略深。黄白胎，胎质坚硬，釉色青中泛黄，器内外施满釉。器底中心有一圈弦纹，圈内饰有涡旋纹，围绕弦纹刻划蕉叶纹，外腹壁素面。有细小开片。

　　标本 2017YPST01①:10,口沿外撇较甚,近折沿,斜弧腹,器底中心略凸,圈足较高,挖足略深。黄白胎,胎质坚硬,青灰釉,器内外施满釉。器底中心有一圈弦纹,圈内饰有涡旋纹,围绕弦纹刻划蕉叶纹,填充篦划纹,外腹壁素面。有细小开片。

标本 2017YPST04①:23,尖圆唇,近直口,腹壁底端折收,器底宽平,有一圈凹纹,矮圈足,足墙较薄。灰白胎,胎质致密,青灰釉,器内满釉,外施釉不及底。无开片。

标本 2017YPST02②c:5,葵口,敞口近直,上壁斜直腹至底端折收,器底宽平,圈足,足墙较薄,挖足较深。灰白胎,胎质坚硬,釉色青中泛绿,内施满釉,外施釉不及底,素面,釉色透亮,冰裂纹开片。

　　标本 2017YPST01①：9，撇口，口沿外折近平，上腹壁较直，下腹壁折收，盘内底平坦。圈足较高，挖足较深，足墙较宽，盘底足下黏有垫饼。灰白色胎，胎质坚硬，青灰釉，内外满釉，仅足内不施釉。内腹壁印花团菊纹和卷草纹。

　　标本 2017YPST01②c:6，口沿外撇较甚，近折沿，斜弧腹，器底中心略凸，圈足较高，挖足略深。黄白胎，胎质坚硬，青黄釉，器内施满釉。外壁施釉不及底。素面，腹壁有拉坯时留下的横纹。

（三）杯

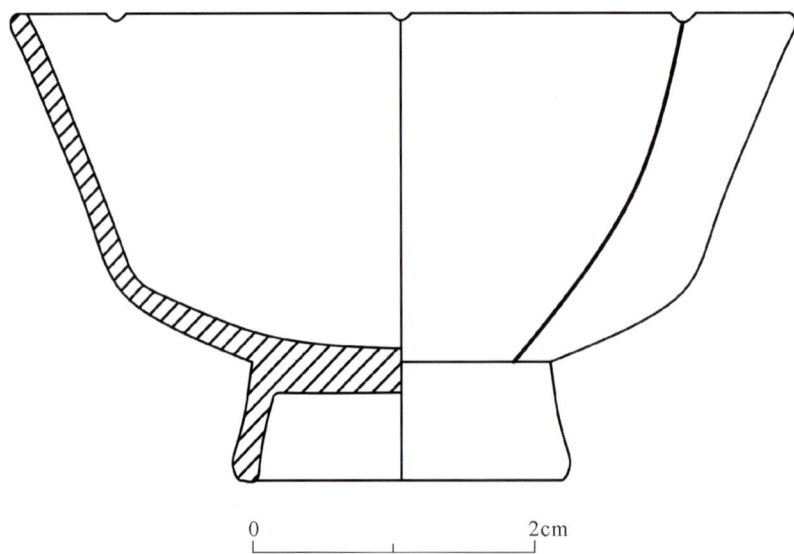

标本 2017YPST01②c：7，口沿呈花口六瓣式，敞口，深弧腹，上腹壁较直，底腹较宽，高圈足，足微撇。砖红色胎，胎质较致密，青黄釉色。施釉较厚，器内满釉，器外施釉，其中足部施釉不均匀，部分露胎。口径 5.6 厘米、足径 2 厘米、高 4.7 厘米。

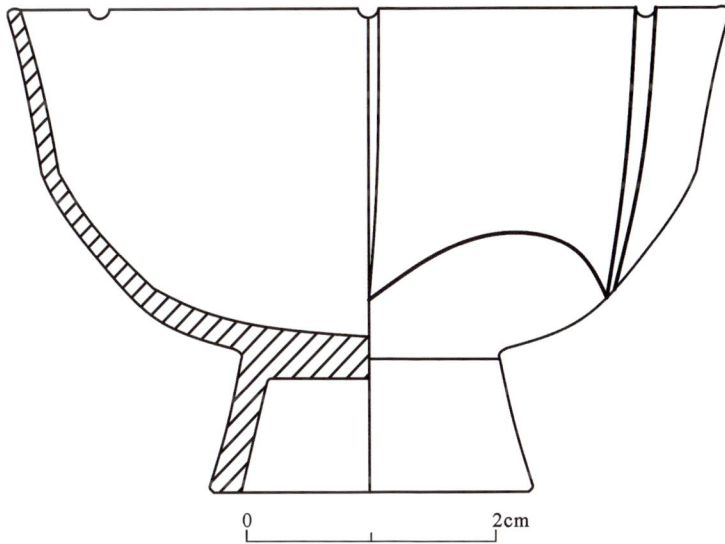

标本 2017YPST01①:12，花口，敞口，腹壁斜弧，喇叭状圈足。砖红色胎，胎质较致密，施釉较厚，青白色釉，釉面开冰裂纹。器内满釉，器外施釉不及底。口径 5.8 厘米、足径 3.5 厘米、高 5.2 厘米。

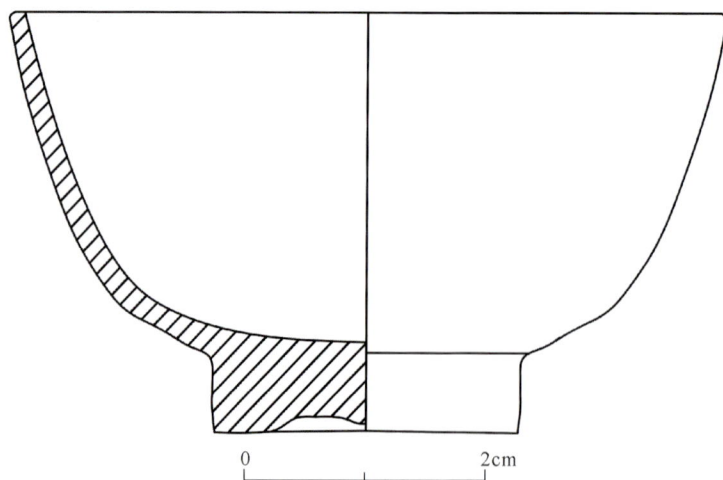

标本 2017YPST01②c:11，圆唇，敞口，上腹壁微斜直，下腹较宽平，直足，圈足矮大。黄白色胎，胎质较致密，釉色青黄，釉层较薄，内施满釉，外壁施釉不及底，圈足和足底露胎。素面，外壁有拉坯留下的横纹。口径 6 厘米、足径 2.8 厘米、高 4.1 厘米。

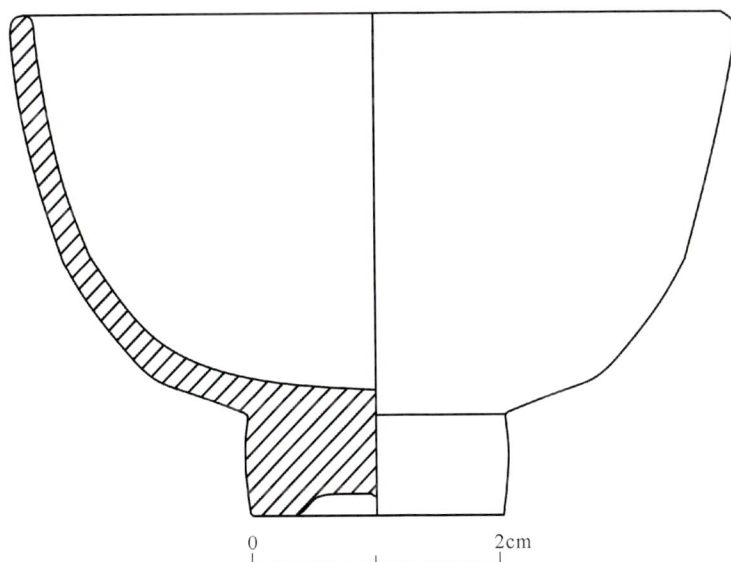

标本 2017YPST01②b:5，圆唇，弧腹，底腹略鼓，直足，圈足较高。黄白胎，胎质紧密，青釉，施釉较厚，内施满釉，外壁施釉不及底，釉层呈玻璃质感，有细小开片。素面，外腹壁有旋削痕迹。口径 5.9 厘米、足径 2.5 厘米、高 4.6 厘米。

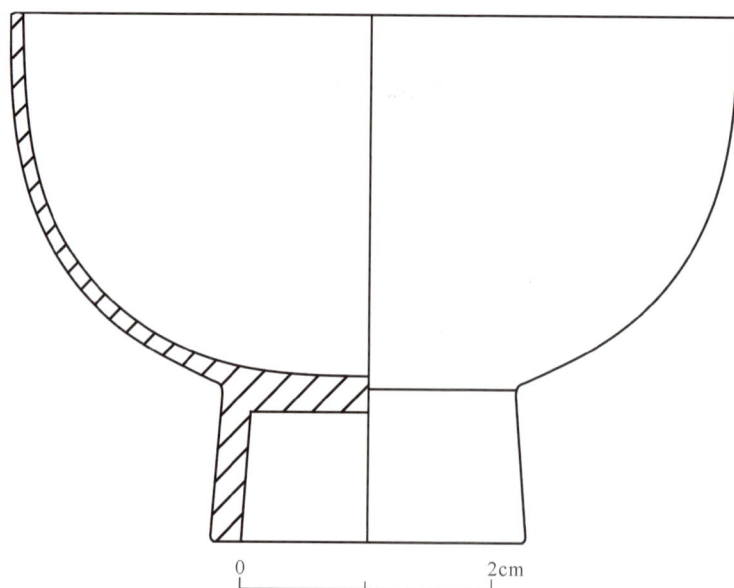

标本 2017YPST01②a：182，尖圆唇，圆弧腹，弧度较鼓，高直足。砖红色胎，胎质较致密，釉色青中泛白，有细小开片，呈冰裂纹。内外施满釉，足底不施釉。口径 5.8 厘米、足径2.3 厘米、高 4.9 厘米。

标本 2017YPST01②b:72,花口,近直口,腹壁渐收,底腹略鼓,腹壁等距离弯曲呈六瓣式,高圈足,足外撇。砖红色胎,胎质致密,青黄釉。内施满釉,外施釉不及底。圈足和足底不施釉,圈足内挖足如锥形。口径 5.8 厘米、足径 2.4 厘米、高 5.3 厘米。

标本 2017YPST01②c:12,圆唇,近直口,深弧腹,底腹敦实,圈足微撇,足较矮较大。砖红色胎,胎质紧密,青黄釉,釉层较薄。内施满釉,外壁施釉不及底。素面,腹壁有旋削痕迹。口径 4.8 厘米、足径 2.3 厘米、高 3.3 厘米。

标本 2017YPST01②c:70,圆唇,近直口,深弧腹,底部敦实,圈足较矮,底部外撇。灰白色胎,胎质坚硬,青釉,釉层较薄。内施满釉,外壁施釉不及底。素面,腹壁有旋削痕迹。口径 4.9 厘米、足径 2.3 厘米、高 3.4 厘米。

标本 2017YPST01②b:10,圆唇,微敞口,深弧腹,底腹较圆鼓,高圈足,圈足较高,挖足较深,底足外撇。灰白色胎,胎质紧密,青釉。内施满釉,外壁施釉不及底。釉层较薄,有芒口。素面,腹壁有旋削痕迹。口径 4.7 厘米、足径 2.2 厘米、高 3.5 厘米。

标本 2017YPST01②b:18，厚圆唇，敞口，口沿有一圈酱色，腹壁弧鼓，深弧腹，高圈足，足外撇。砖红色胎，胎质较紧密，釉色青色泛绿，施釉较厚，内施满釉，外施釉不及底，有细小开片。素面。口径 4.6 厘米、足径 2.3 厘米、高 3.4 厘米。

标本 2017YPST01②a:16，厚圆唇，近直口，深弧腹，上腹壁近直，底腹圆滑。高圈足，挖足较深，底足外撇。灰白胎，胎质坚硬，青釉瓷。施釉较厚，内外施满釉。腹壁饰有篦划竖线纹。口径 4.5 厘米、足径 2.1 厘米、高 3.8 厘米。

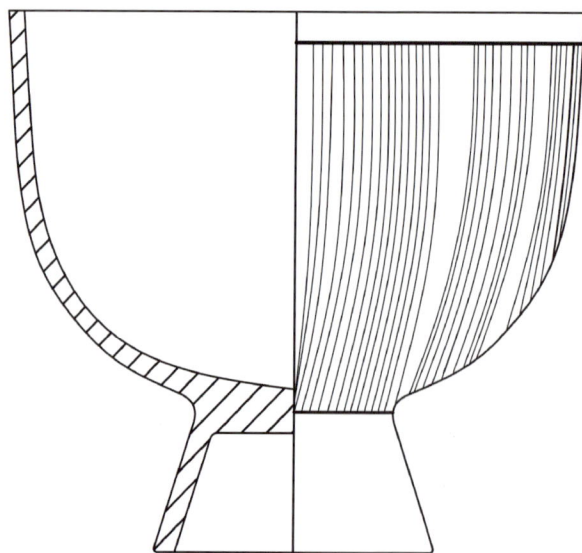

标本 2017YPST01②a:6，厚圆唇，近直口，腹较深，喇叭状高圈足。灰白胎，胎质坚硬，釉色青中泛黄。内外施满釉，施釉较厚，有开片，釉色透亮呈玻璃感。腹壁近口沿处和近圈足处分别饰有两圈弦纹，中间刻划折扇纹。

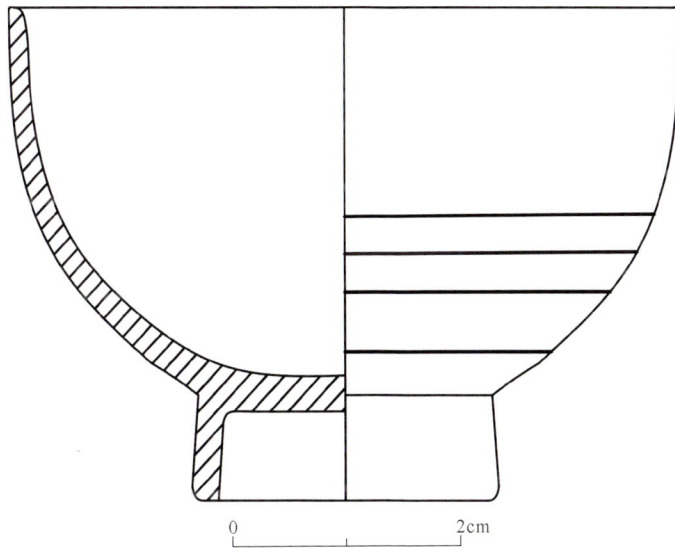

标本 2017YPST01②b:78，尖圆唇，圆弧腹，腹部较浅，高直足。黄白胎，胎质致密，釉色青中泛黄，有开片，呈冰裂纹。内外施满釉，足底不施釉。口径 5.9 厘米、足径 2.3 厘米、高 4.8 厘米。

标本 2017YPST01①:19,圆唇口,敞口,腹较深,喇叭状圈足。腹壁斜直,圈足外撇。口沿下饰一周凹弦纹,外腹壁饰篦线纹。灰白胎,青白釉泛灰色。口径 5.8 厘米、足径 2.4 厘米、高4.7厘米。

标本 2017YPST01①:11,敞口,厚圆唇,深弧腹,底腹敦实,圈足微撇,足较高大。砖红色胎,胎质紧密,青白釉,施釉较薄。内施满釉,外壁施釉不及圈足。素面无纹,无开片,外腹壁可见旋削痕迹。

标本 2017YPST01②b:9，敞口，尖圆唇，深弧腹，高直圈足，挖足较深。黄白胎，胎质紧致，青白釉，内施满釉，外壁施釉不均，圈足有部分露胎，施釉较薄。腹壁素面无纹，有拉坯形成的横纹，圈足底有两圈弦纹。

标本 2017YPST01①:34，敞口，厚圆唇，口沿下有一圈凹痕，深弧腹，腹较鼓，胎体敦实，高圈足外撇。内施满釉，外壁施釉，足底露胎，施釉较薄。黄白胎，釉色青中泛白。外腹壁饰有篦划纹，无开片。

标本 2017YPST01②b:187，花口微外撇，尖圆唇，腹壁斜弧，圈足较高且微外撇，挖足较深。内外皆施釉，外壁施釉不均匀，圈足有部分未施釉。砖红色胎，釉色青中泛黄。素面无纹，无开片，外腹壁可见拉坯形成的数圈细横纹。

标本 2017YPST01②c:13，敞口，尖圆唇，口沿处有积釉现象，腹壁斜弧，胎体敦实，高圈足微外撇。内施满釉，外壁施釉，圈足有部分未施釉，施釉较厚，足底露胎。砖红色胎，釉色青中泛粉，釉色细腻。素面无纹，有微小开片，外腹壁可见拉坯形成的数圈细横纹。

标本 2017YPST01①:17，敞口，圆唇，口沿下有一圈凹痕，腹壁斜弧，腹略深，高直足。内外皆施釉，外壁施釉不均，外腹壁部分未施釉，圈足及足底露胎。砖红色胎，胎质坚密，釉色青中泛白，施釉较薄。素面无纹，外腹壁有拉坯形成的细横纹。

标本 2017YPST02②c:4，敞口，尖圆唇，腹壁斜弧，胎体敦实，圈足高直，挖足较深。内施满釉，外壁施釉不均，圈足有部分未施釉，足底露胎。砖红色胎，釉色青中泛黄，有部分青中泛蓝，施釉较厚。素面无纹，外腹壁有开片。

（四）碟

标本 2017YPST01②a:8，撇口，口沿平折，腹壁较深，上腹壁近直，下腹壁折收，内底较凹，高圈足。黄白胎，胎质较致密，未施釉，露胎。器内饰有刻划团菊纹和卷草纹。口径 10 厘米、足径 4.1 厘米、高 3.1 厘米。

　　标本 2017YPST01①:9，撇口，折沿，直腹，腹较浅，底部平坦，圈足，挖足较深。白胎，胎质坚硬，青白釉，施釉较厚，内外满釉。器内底和内腹壁饰有模印团菊纹和卷草纹。口径 10 厘米、足径 4.1 厘米、高 3.3 厘米。

（五）炉

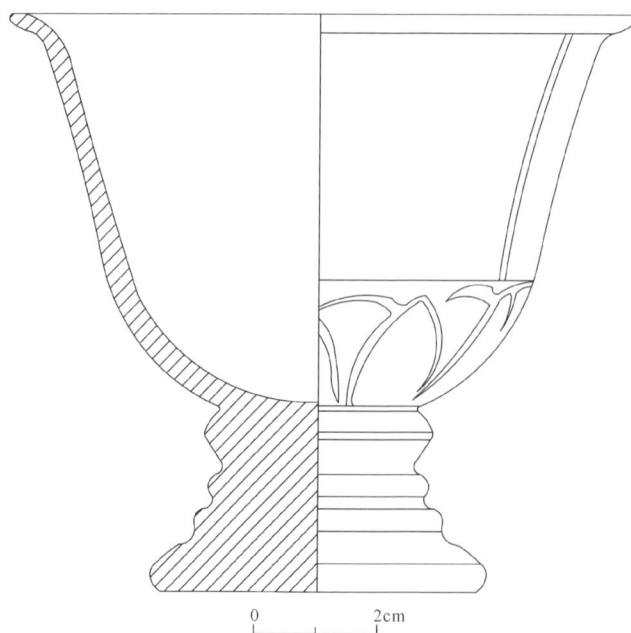

标本 2017YPST04②c:8，撇口，平折沿，腹壁斜弧，腹部较深，底座为三棱阶梯式圆座，底座足墙外撇。下腹部刻划有牡丹纹。灰黄胎，胎质较紧密，青灰色釉，釉层较薄，部分地方露胎，器内和底足内不施釉。口径 10.2 厘米、底径 5.4 厘米、高 9.3 厘米。

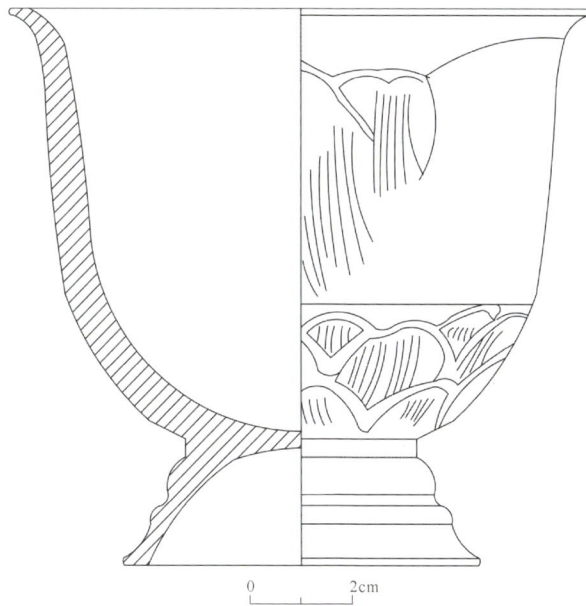

标本 2017YPST03②b:23，撇口，口沿平折，深腹炉体，腹壁较直，近直口，内底较平，下承两棱阶梯状圆底座，足墙外敞。上腹部饰蕉叶纹中间填以篦划纹，下腹部饰简莲瓣纹。灰白胎，青灰釉，施釉较厚，外满釉，器内和底足内不施釉。口径11.5厘米、底径7.5厘米、高10.5厘米。

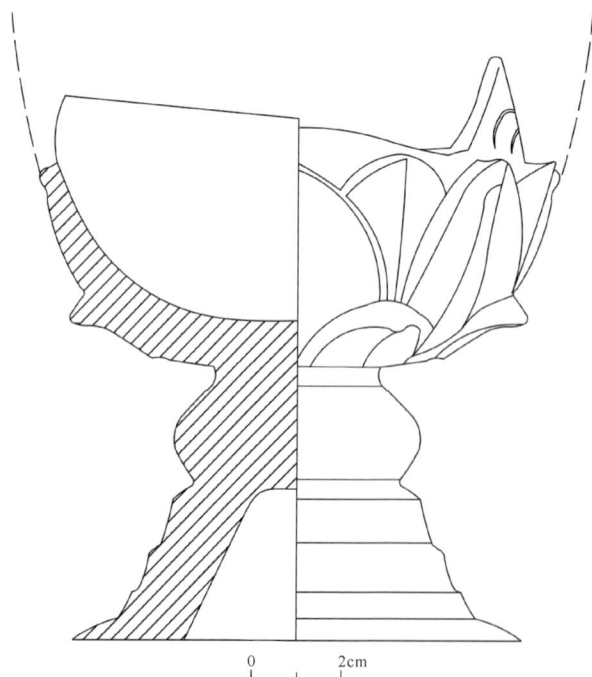

标本 2017YPST04②a:46，口沿残。弧腹壁，内底较平，器身刻出半浮雕的莲花瓣纹，高足与炉底以圆鼓或圆饼形物相接而成，多边形凸棱的底座。灰黄胎，青灰釉。底径 10 厘米、残高 11.7 厘米。

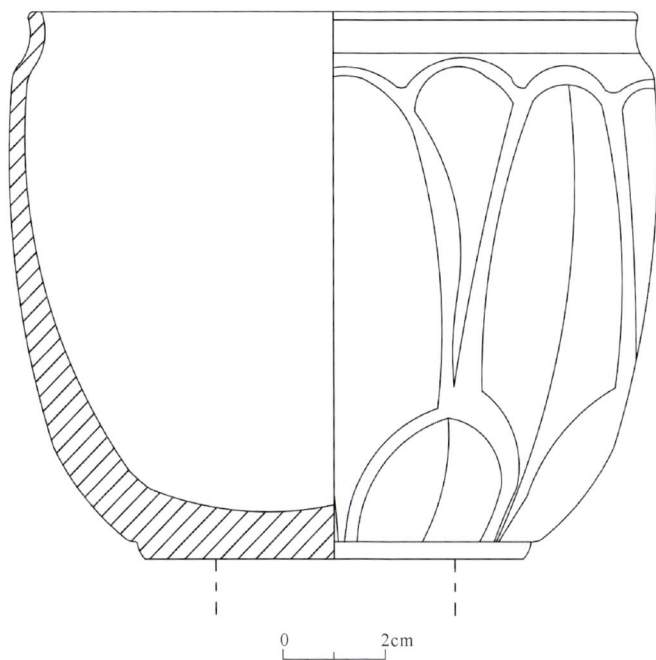

标本 2017YPST03①:24,底座残,仅剩炉体部分。唇口,深腹炉体,腹壁较直,外腹壁雕双层覆莲瓣纹。灰白胎,青灰釉,釉面开冰裂纹。口径 12.7 厘米、底径 7.9 厘米、残高 11 厘米。

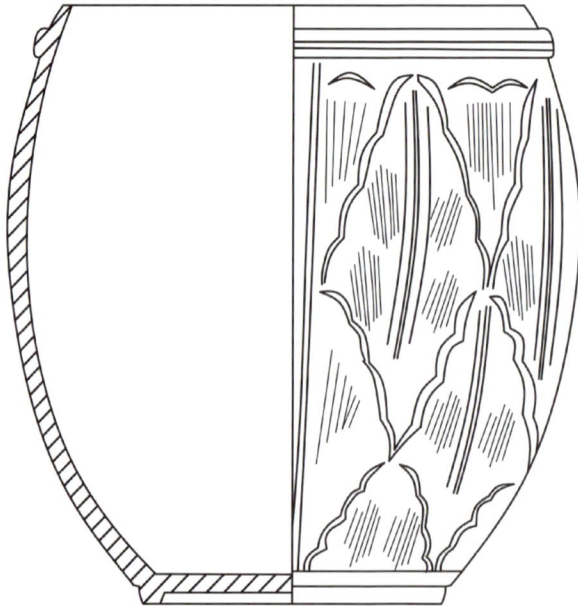

　　T04①:35,底座残,仅剩炉体部分,敛口,深鼓腹,外腹部饰蕉叶纹,蕉叶内填充篦划纹,黄白胎,青灰釉。

(六)其他

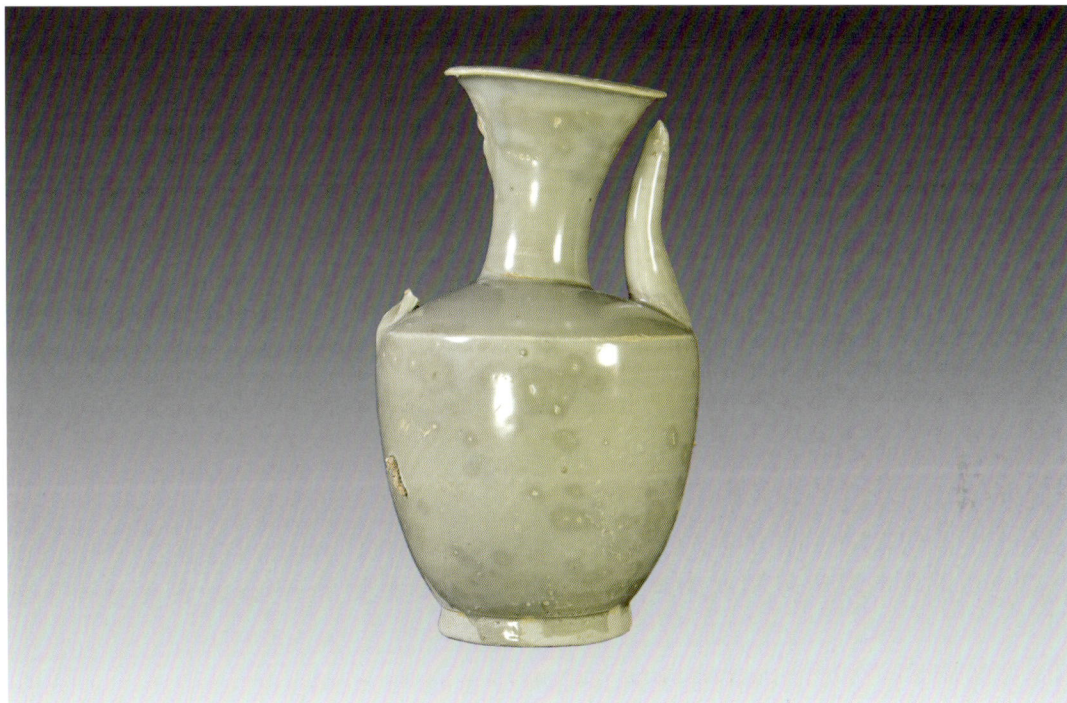

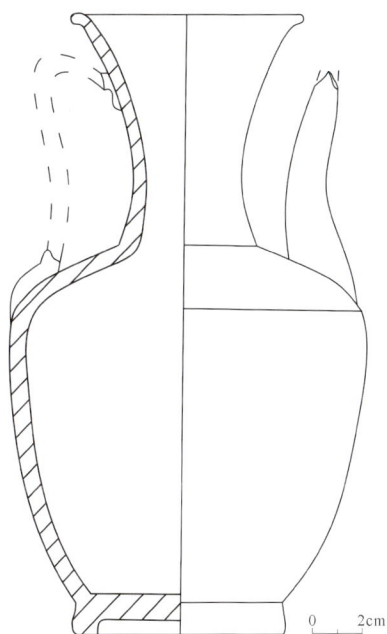

标本2017YPST10①:66,执壶,已复原。口沿微侈,喇叭状颈,颈较长。广溜肩,肩以下渐弧收,一侧置流,对应的肩颈处置执柄。灰白胎,青色釉。口径9.4厘米、底径8.7厘米、高25厘米。

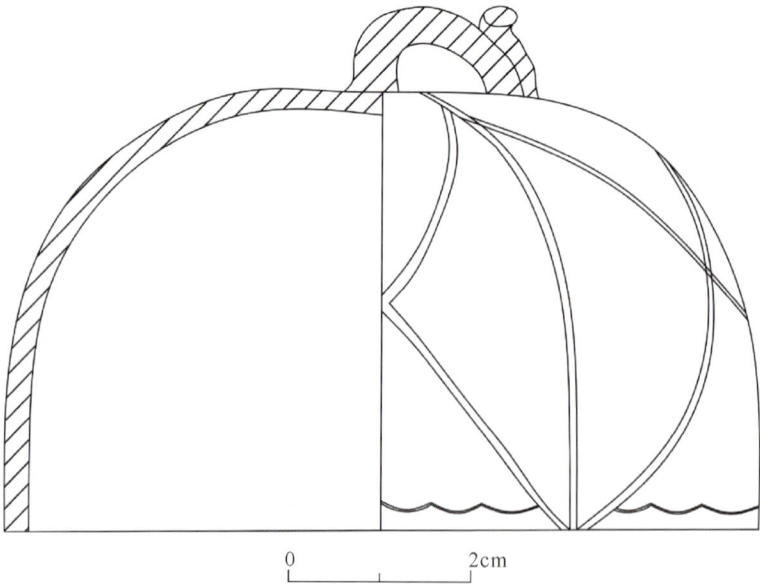

0   2cm

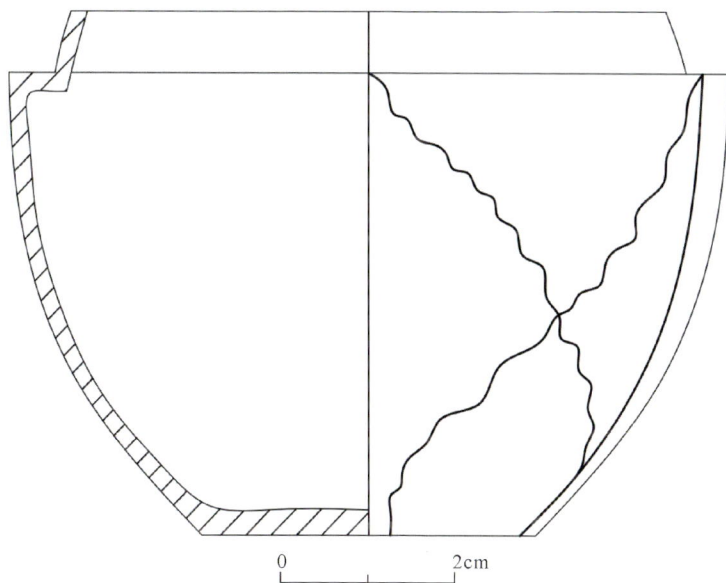

标本 2017YPST01②19、2017YPST03③：1，盒，整体呈罐形，子口微敛，圆唇，弧腹，平底。除口部和底部外，皆施满釉。可复原。外壁刻划交叉波浪线纹，每组间以竖线纹相隔。灰黄胎。釉色青黄。口径 8.3 厘米、底径 5.4 厘米、高 6.8 厘米。器盖印七道竖弦线，呈瓜棱形，盖顶黏连一个瓜蒂，饰有刻划蕉叶纹，青白色釉。

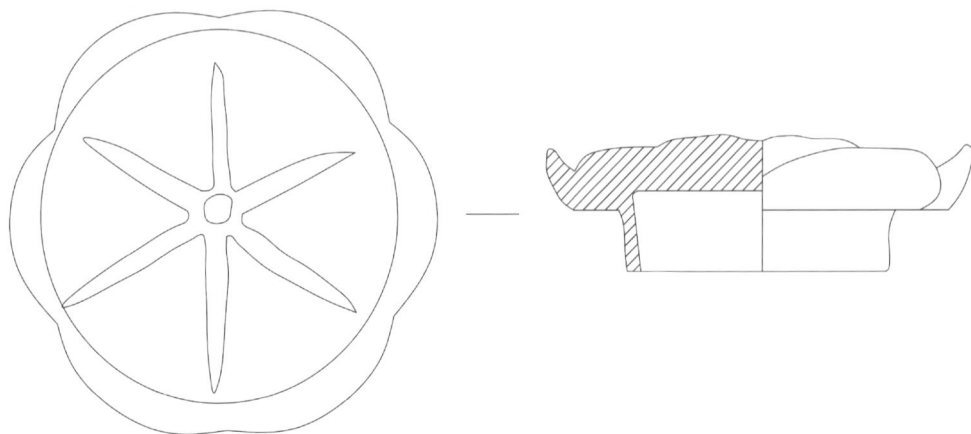

标本 2017YPST01②:206，罐盖，子母口，器盖面呈六瓣瓜棱状，盖顶隆弧，中部置茎梗钮，盖沿上折，砖红色胎，釉色青白泛绿。

　　标本 2017YPST01②b:127,子母盒,有盖,盖大多残损。器身子口,平底内凹。口沿及足底无釉,盒内皆施满釉。口部残,内置三个小盏。白胎。青白釉。底径 6.8 厘米、残高 3.9 厘米。

（七）窑具

　　支座,分两型。A型:圆筒形,高身,束腰,实心,顶底皆平,高5～13厘米;B型:喇叭形,上端平而小,下端呈喇叭状中空,高5～10厘米。

　　漏斗形匣钵,直口,形同漏斗,斜腹,小平底,粗砂陶。器形大小不一,与烧造的瓷器类型相关。部分表面有自然棕色釉。口径10～30厘米、高8～15厘米。

　　水头窑址使用匣钵通常为一器一钵仰烧,垫烧具则主要以垫饼为主。

(八)残片

注:瓷器残件仍在修复中,尺寸、编号等信息参考最终考古报告。

1.团菊纹和卷草纹

盘残片,侈口外撇,近弧腹,矮圈足。青灰釉,黄白胎,底部饰团菊纹和卷草纹。

碗残片,青黄釉,黄白胎,底部饰团菊纹和卷草纹。

盘残片,釉色青白泛灰,灰白胎,底部饰团菊纹和卷草纹。

碗残片，青黄釉，黄白胎，底部饰团菊纹和卷草纹。

碗残片，敞口，青灰釉，黄白胎，底部饰团菊纹和卷草纹。

碗残片，敞口，厚圆唇，深弧腹，圈足较高。青灰釉，灰白胎，底部饰团菊纹和卷草纹。

盘残片,敞口微撇,青灰釉,灰白胎,底部饰团菊纹和卷草纹。

2.蕉叶纹

碗,敞口,深弧腹,圈足较高。青白釉,灰白胎,外壁刻划蕉叶纹和篦线纹。

碗残片，敞口，青黄釉，灰白胎，外壁刻划蕉叶纹和篦线纹。

碗残片，敞口，圆唇，深弧腹，圈足较高。青白釉，白胎，外壁刻划蕉叶纹和篦线纹。

　　碗残片,葵口,口沿外撇,深弧腹,圈足较高。青白釉泛灰,灰白胎,外壁刻划蕉叶纹和
篦线纹。

　　碗残片,敞口,圆唇,深弧腹近斜直,高圈足。青黄釉,灰白胎,外壁刻划蕉叶纹和篦
线纹。

碗残片,敞口,小圆唇,深腹近斜直,高圈足。青黄釉,灰白胎,外壁刻划蕉叶纹和篦线纹。

碗残片,敞口,厚圆唇,深弧腹,高圈足。无釉,砖红色胎,外壁刻划蕉叶纹。

碗残片,青灰釉泛红,黄白胎,外壁刻划蕉叶纹。

碗残片,敞口,圆唇,深弧腹,高圈足。青白釉泛灰,灰白胎,外壁刻划蕉叶纹和篦线纹。

　　盘残片，撇口，青黄釉，灰白胎，器底中心有一圈弦纹，圈内饰有涡旋纹，围绕弦纹刻划蕉叶纹。

　　盘残片，撇口，青黄釉，黄白胎，器底中心有一圈弦纹，圈内饰有涡旋纹，围绕弦纹刻划蕉叶纹。

盘残片，撇口，弧腹，圈足较高。青灰釉，灰白胎，器底中心有一圈弦纹，圈内饰有涡旋纹，围绕弦纹刻划蕉叶纹。

　　盘残片,青黄釉,黄白胎,器底中心有一圈弦纹,圈内饰有涡旋纹,围绕弦纹刻划蕉叶纹。

　　盘残片,撇口,青釉,灰白胎,器底中心有一圈弦纹,圈内饰有涡旋纹,围绕弦纹刻划蕉叶纹。

　　盘残片,青灰釉,灰白胎,器底中心有一圈弦纹,圈内饰有涡旋纹,围绕弦纹刻划蕉叶纹。

　　盘残片，撇口，弧腹较深，圈足较高。青灰釉，灰白胎，器底中心圜有一圈弦纹，圈内饰有涡旋纹，围绕弦纹刻划蕉叶纹。

3.折扇纹

碗残片，撇口，圆唇，深弧腹，高圈足。青灰釉，黄白胎，外壁饰有折扇纹。器身有冰裂片纹。

碗残片，撇口，圆唇，深弧腹，高圈足。青黄釉泛灰，黄白胎，外壁饰有折扇纹。

碗残片,敞口,圆唇,斜壁近直,圈足较矮。青黄釉,黄白胎,外壁饰有折扇纹。

碗残片,青白釉,灰白胎,外壁饰有折扇纹。

碗残片，撇口，圆唇，深弧腹，高圈足。青黄釉，砖红色胎，外壁饰有折扇纹。

碗残片,青黄釉,黄白胎,外壁饰有折扇纹。

碗残片,撇口,圆唇,深弧腹,高圈足。青灰釉,灰白胎,外壁饰有折扇纹。

碗残片，撇口，青灰釉，灰白胎，外壁饰有折扇纹。

碗残片，撇口，圆唇，斜壁近直，圈足。青灰釉，灰白胎，外壁饰有折扇纹。

碗残片,撇口,青釉,砖红色胎,外壁饰有折扇纹。

碗残片,敞口,青黄釉,黄白胎,外壁饰有折扇纹。

碗残片，敞口，圆唇，深弧腹，高圈足。青釉，灰白胎，外壁饰有折扇纹。

杯残片,敞口,青灰釉,黄白胎,外壁饰有折扇纹。

4.刻划卷草纹

碗残片,敞口微撇,青黄釉,黄白胎,内壁及底部饰有刻划卷草纹。

碗残片，敞口微撇，青黄釉，黄白胎，内壁及底部饰有刻划卷草纹。

碗残片，敞口，青灰釉，灰白胎，底部饰有刻划卷草纹。

碗残片，敞口，青灰釉，灰白胎，内壁饰有刻划卷草纹。

碗残片，敞口，青黄釉，黄白胎，内壁饰有刻划卷草纹。

盘残片，敞口，青灰釉，灰白胎，底部饰有刻划卷草纹。

碗残片，敞口，无釉，砖红色胎，内壁饰有叶脉纹。

碗残片，敞口，青灰釉，灰白胎，底部饰有刻划卷草纹。

5.莲瓣纹、篦划纹

碗残片,敞口,黄白胎,无釉,外壁饰有莲瓣纹。

碗残片,敞口,青黄釉,黄白胎,外壁饰有莲瓣纹,莲瓣内填充篦划纹。

碗残片,敞口,黄白胎,无釉,外壁饰有莲瓣纹。

碗残片,敞口微撇,青黄釉,灰白胎,外壁饰有莲瓣纹。

碗残片，敞口微撇，青白釉，灰白胎，外壁饰有莲瓣纹，莲瓣内填充篦划纹。

碗残片，敞口，青白釉，灰白胎，外壁饰有莲瓣纹。

碗残片,敞口,青黄釉,黄白胎,外壁饰有莲瓣纹。

碗残片,敞口微撇,青灰釉,釉面有冰裂纹细小开片,灰白胎,外壁饰有莲瓣纹。

残炉底座，青黄釉，灰白胎，底部饰有莲瓣纹。

炉残片，青灰釉，灰白胎，外壁饰有莲瓣纹。

炉残片，青灰釉，灰白胎，外壁饰有莲瓣纹。

6.鱼鳞纹

碗残片，青灰釉，灰白胎，外壁饰有鱼鳞纹。

碗残片,敞口,青灰釉,灰白胎,内壁饰有鱼鳞纹及卷草纹。

7.小鹿纹

碗残片,青灰釉,灰白胎,饰小鹿纹。

碗残片,青灰釉,灰白胎,中有一小鹿纹,周围饰卷草纹。

8.素面

碗残片,敞口,青白釉泛灰,黄白胎。

碗残片,葵口,敞口,釉色无法辨认。

盘残片,敞口外撇,青灰釉,黄白胎。

碗残片，敞口外撇，青白釉，黄白胎。

碗残片，敞口，青白釉，灰白胎。

盘残片，侈口，灰白胎，青釉，素面。

盘残片，敞口，青白釉，灰白胎。

盘残片，敞口，青白釉，灰白胎。

碗残片,敞口,青黄釉,黄白胎。

杯残片,敞口,青黄釉,砖红色胎。

碗残片，敞口，青灰釉，灰白胎。

残片，青灰釉，灰白胎。

盘残片，葵口，敞口，青白釉，灰白胎。

杯残片,葵口,敞口,青黄釉,黄白胎。

碗残片,敞口,青白釉,灰白胎。

碗残片，敞口，青白釉，黄白胎。

炉残片，青白釉泛灰，灰白胎。

杯残片，青白釉，灰白胎。

后 记

　　2017 年 9 月,云霄水头窑的田野发掘工作结束。此次发掘由厦门大学历史系考古专业与漳州文物保护管理所主持,在云霄县博物馆的配合下完成,领队是张闻捷,参加发掘、整理的人员有熊谯乔、胡志群、刘锴云、赵梦沙、李启慧、罗诗晨、张艺璇、阙惠华、李梦维、阮晓根、柴政良等,发掘面积约 1050 平方米,揭露龙窑遗迹 2 座,出土了一批青釉、青白釉瓷器和窑具标本。摄影由刘锴云、李启慧完成,熊谯乔、胡志群负责器物绘图。

　　经过细致的室内整理工作,由张闻捷、张长水、熊谯乔、刘锴云执笔的发掘简报发表在《文物》2019 年第 10 期。报告系统地介绍了此次发掘情况,初步揭示出水头窑的产品特征和造烧年代。对于研究云霄县地方社会经济史、闽南地区乃至福建地区的宋代陶瓷史都具有重要的意义。同时该窑址造烧的产品中可以见到与湖田窑、龙泉窑、潮州窑、同安窑等名窑风格类似的瓷器,对于研究宋代窑业技术的传播与交流也具有重要意义。

　　刘锴云依据考古发掘的地层关系和相应的出土遗物,撰文对云霄水头窑出土的器物进一步研究。该文通过对一批具有代表性特征的器物标本做类型学研究,并采用考古地层学和考古类型学的研究方法,从器型、纹饰、工艺等角度来展开分期研究,通过分型、分式,归纳相应期别,并通过与典型窑址材料进行对比,判断各期年代,归纳水头窑址的技术特点和产品特征。通过文化因素分析方法,探寻其产品原型与技术源头,并以此来探讨文化交流、传播现象,以及宋代福建地区外销市场中的共同文化因素。该文对水头窑址性质有了更深入的探讨,并对水头窑之后的发掘提出一定展望。

　　2019 年,叶恒、陈世展前往云霄县博物馆对器物重新整理、摄影,增加文字描述,汇编成本图录。图录的出版离不开厦门大学历史系、漳州市文物保护管理所、云霄县博物馆领导与专业人员的大力支持,在此谨致谢意! 同时,感谢厦门大学出版社编辑韩轲轲、蔡炜荣等人为本书付出辛勤劳动,使本书在装帧、语言、排版等方面均增色不少。